该项图书研究得到了
北京东宇全球化人才发展基金会的支持

CCG | 全球化智库

THE ROADMAP OF TALENT DEVELOPMENT

人才成长路线图

王辉耀　苗绿　著

中国社会科学出版社

图书在版编目（CIP）数据

人才成长路线图 / 王辉耀，苗绿著. -- 北京：中国社会科学出版社，2018.2
ISBN 978-7-5203-1079-6

Ⅰ.①人… Ⅱ.①王… ②苗… Ⅲ.①人才培养－研究－中国 Ⅳ.①C964.2

中国版本图书馆CIP数据核字（2017）第238501号

出 版 人	赵剑英
责任编辑	黄　山
责任校对	张文池
责任印制	李寡寡
出　　版	中国社会科学出版社
社　　址	北京鼓楼西大街甲158号
邮　　编	100720
网　　址	http://www.csspw.cn
发 行 部	010-84083685
门 市 部	010-84029450
经　　销	新华书店及其他书店
印　　刷	北京明恒达印务有限公司
装　　订	廊坊市广阳区广增装订厂
版　　次	2018年2月第1版
印　　次	2018年2月第1次印刷
开　　本	710×1000　1/16
印　　张	14
字　　数	230千字
定　　价	49.00元

凡购买中国社会科学出版社图书，如有质量问题请与本社营销中心联系调换。
电话：010-84083683
版权所有　侵权必究

目 录

序　　在时代机遇中"入世"　　　　　　　　　　　　　1

Preface：Talent Development and Time Opportunities　　7

上篇　创新人才观念

人才资源对于一国的竞争力提升正变得举足轻重，综观世界，高端人才流动的趋势也愈演愈烈。那么当下"全球人才流动全景图"是什么样的？在这样的世界人才版图里中国站在什么样的"十字路口"上？正处于"人口红利"拐点的中国，又面对着怎样的人力资源危机？新一轮技术革命的时代背景下，中国又有哪些"人才红利"机遇？

第一章　全球化的人才观　　　　　　　　　　　　　　3
　　　　全球人才大流动　　　　　　　　　　　　　　3
　　　　危局之下，十字路口　　　　　　　　　　　　11
　　　　择天下英才而用之　　　　　　　　　　　　　20

第二章　站在"人口红利"的拐点上　　　　　　　　　27
　　　　"人才红利"时代开启　　　　　　　　　　　27
　　　　人力资源危机初探　　　　　　　　　　　　　32
　　　　新一轮技术革命　　　　　　　　　　　　　　36

中篇　人才培养之道

现阶段"人才红利"带来机遇的同时，如何培养新时期的人才再次引发我们的思考。人才发掘、选拔和举荐之道为何？人才使用和培养有哪些艺术魅力和策略？在组织中，如何缔造高效率、高业绩的人才团队？在团队运作中又如何创造出人与人之间的磁场效应？

第三章	**人才发掘与选拔方略**	**47**
	人才发掘：列清单、四基准	47
	人才选拔：审慎严格、出奇制胜	55
	人才举荐：尚贤、主动、多渠道	66
第四章	**人才使用艺术**	**73**
	量才授任，适得其所	73
	以用为本，才尽其用	77
	识人有道，用人有度	82
第五章	**人才培养策略**	**89**
	如何公正：赛马制用人	89
	小材大用："小萝卜"能否占"大坑"	91
	三重目标：士气、业绩、能力	94
第六章	**缔造高绩效队伍**	**98**
	长短搭配：发挥组合优势	98
	制衡分享："权、责、利"顶层设计	102
	沟通执行：创新思维、方式、工具	108
第七章	**创造人才磁场效应**	**112**
	组织平台：成就人才的舞台	112
	事业空间：人才和组织的双赢未来	116
	人才磁场：看不见的吸引力	118

下篇　人才成长路径

作为职场中的独立个体，我们需要跳出组织的框架结构，重新审视自己，了解自己，再次发现自己。职场新人如何"扣好人生的第一粒扣子"？失败了跌倒过之后，如何审视自己，制订"再成长计划"？在工作中，如何不断地纵深专业功底？如何发掘出自身的"创造家"潜质，培养"创新者精神"？最终又如何从"跟跑者"变成"领跑者"，成长为一名合格的领导者？

第八章　成长，永远不会太晚　　125
　　重新思考：扣好人生的第一粒扣子　　125
　　天马行空：理想始于"妄想"　　131
　　始于足下：做个务实的冒险家　　137

第九章　制订"再成长计划"　　144
　　认清自己：精准定位三标准　　144
　　忘记过去：接受有益的失败　　149
　　再次瞄准：以终为始，再出发　　154

第十章　提高专业精准度　　158
　　术业专攻：强化职业能力　　158
　　整合资源：构筑人脉"圈子"　　162
　　开拓格局，跨界生长　　165

第十一章　挖掘"创新者精神"　　170
　　奇思妙想：打造创意肌肉　　170
　　再跨两步：增进先见能力　　174
　　创新者丛林法则：犯"众怒"、不设限、不惧败　　178

第十二章　领导力造就领导者　　**184**
登高望远：全局思维与决断力　　184
角色转变：从"跟跑者"变成"领跑者"　　189
成就定义：你培养了多少人才　　193

参考文献　　**199**

后　记　　**201**

Table of Contents

Preface Talent Development and Time Opportunities

Part One: **Talent Concept Innovation**

Human resource is a decisive factor in a country's global competitiveness. As another trend of globalization, high-level talents are increasing their mobility around the world. So what does the whole picture of such worldwide talent mobility look like, and where is China positioned in such a picture? How can China handle the challenges of talent shortage and create the opportunities to gain maximum talent dividend?

Chapter 1: Globalized Talent Concept	**3**
Global talent mobility	3
Crossroads at critical moments	11
Selecting and leveraging best talent around the world	20
Chapter 2: Standing at turning point of gaining Demographic dividend	**27**
Era of talent dividend	27
Preliminary findings of talent shortage crisis	32
New round of technological revolution	36

Part Two: Talent Cultivation Methods

Moving on from the discussion about the potential opportunities brought by talent dividends, this part will be focused on new thinking about talent development in the new era, such as how to discover, select and recommend talent? How to leverage talent in an artistic and strategic way? How to build a high-efficiency and high-performance team with talent? And how to create an environment to facilitate interpersonal relationship building within a team?

Chapter 3: Talent Discovery and Selection   **47**

    Talent discovery: clear listing and Four basic criteria for evaluation   47
    Talent selection: strict assessment with flexibility to allow exceptional talent   55
    Talent recommendation: promoting talent, making initiatives and expanding channels   66

Chapter 4: Art of utilizing talent   **73**

    Assigning tasks based on individual's competency and interest   73
    Making best of the talent   77
    Strategically identifying and utilizing talent   82

Chapter 5: Talent cultivation strategy   **89**

    Creating fair competition system   89
    Setting higher expectation to tap full potential of talent   91
    Triple objectives: morality, performance, capacity   94

Chapter 6: Building high-performance team   **98**

    Strengthening complementarity   98
    Achieving checks and balance through shared power, responsibility and benefit   102
    Innovating thought, method and tools to improve communications and implementation   108

Chapter 7: Creating talent magnetic field effects   **112**

    Establishing right platforms for talent   112
    Building a win-win future for both organizations and talent   116
    Creating invisible magnetic power   118

Part Three: Talent Development Paths

We always need to step out of our workplace to take a close examination at ourselves from another perspective and learn how to behave appropriately and professionally. How to reevaluate and adjust our career development strategies after failure? How to further improve our professional knowledge and skills? How to discover our innovation potential and spirit? How to transform ourselves from a follower to a leader?

Chapter 8: Never too late to grow up	**125**
Rethinking how to begin your career	125
All ideals start with madness	131
Be a practical adventurer	137
Chapter 9: Making plans for re-growing up	**144**
Three criteria used to objectively evaluate yourself	144
Learning from your failure	149
Resetting your aim and restart from the end	154
Chapter 10: Pursuing perfection at work	**158**
Sharpening professional skills	158
Integrating resources and expanding networks	162
Broadening horizon to become interdisciplinary talent	165
Chapter 11: Discovering innovation capability	**170**
Muscling up for more creativity	170
Becoming more forward thinking	174
Jungle rules for innovators	178
Chapter 12: Taking leadership to become a leader	**184**
Making decisions based on big picture	184
Converting your role from a follower to a forerunner	189
Defining your success with talents you develop	193
References	**199**
Postscript	**201**

序

在时代机遇中"入世"

全球化时代下的今天,所有的一切要素都在不断被重新组合,商品、技术、资金、劳动力跨越国界自由交换流动;互联网技术的产生成为推动全球化不断发展的更大动力,世界开始连接的越来越紧密,以互联网为核心的新经济时代已经到来。

与此同时,全球人才模式和结构也开始发生革命性的变化:伴随各方资源跨越国界、跨越行业不断的整合,各国对于国际化、专业化的跨界人才的需求便开始大规模的应运而生。如今人才的跨界发展不仅仅冲破了国界,也不仅仅表现为跨越行业之间,同时也越来越向各种机制之间、思想、物质全方面的跨界发展。人才跨界的方法越来越多样化,手段越来越便捷,行业之间的门槛随着技术进步在不断降低……

随着全球化进入新阶段,人才争夺越演越烈,经济进入新常态,改革进入新时期,中国对人才的重视也进入了前所未有的阶段。随着经济实力进一步增强,我国逐渐成为国际人才的向往之地,外国人才集聚相应开始显现,我国的选才范围也早已从国内13亿人,扩大到全球70亿人。与此同时,我国创新创业战略正当时,人才成长的路径也必然要顺应时代趋势,直指创新创业。"致天下之治者在人才","择天下之英才而用之"这些人才理念的提出体现出我国对人才的重视。人才优先发展战略被提升到国家战略的层面,党和国家领导人在重要会议或谈话中更是多达七十多次的提到要重视人才。

时代背景、国家战略对人才展现了足够的好感和"善意",那么如何将自己培养成"合格"的人才呢?显然,这是一条"道阻且长"的漫长探索之路。

一路走来,我感到十分幸运。19岁,我赶上了恢复高考的机遇,成为了这场"中国有史以来录取率最低的高考"的通关考生之一;25岁,我放弃了在国家机构工作的"铁饭碗",抓住留学的机会,毅然踏出国门,去北美开拓眼界,成为了中国最早的一批MBA之一;而立之年我成为加拿大魁北克政府有史以来首位出生在中国大陆的高级经济商务代表;35岁,我担任世界最大工程管理咨询公司之一的AMEC-Agra国际公司副总裁,正值中国改革开放的大势,促成了中国三峡工程的第一笔外资引进;回国后,我发起创办中国欧美同学会商会和2005委员会、创办全球化智库(CCG),凝聚了一大批回国创业有影响、有成就的留学人员,推动"中国海归事业"的发展,有幸在海归回国创业的大潮中分得一杯羹……

"个体与时代是相遇的关系,擦肩而过,或无意邂逅,或正逢其时"。① 我在《在不如意的人生里奋起直追》一书中,回顾自己职业生涯时曾感慨:"我不怕折腾,因为我知道必须抓住自己人生的命运。"如今,中国人才发展大环境早已不同于六七十年代。当时代的机遇悄然到来的时候,我们更要懂得如何敏锐地发掘、精准的判断和把握时机。回国后我担任欧美同学会副会长,长期从事人才研究,深深感受到人才的成长进阶之路是那么的复杂且多变,个人、平台、时代都在其中扮演着重要的角色。

笔者曾有幸作为首位中国大陆人士被加拿大《商业周刊》选登为封面人物;也曾被国家发改委《中国投资》评为中国首届"中华海归十大创业人物",被《中关村》杂志和新浪网评为"中国最受尊重的十大海归人物"。正如《圣经》上说:"凡走过必留下痕迹",在笔者与众多优秀人物一起对话交流的过程中,通过观察、分析成功者的成长轨迹,结合自身的体验,笔者发现成才之路是有"道"可循的:

看人再准,不如识人有"法"。 中国社会是讲究人情的,古人怀才不遇后的

---

① 王辉耀:《那三届:77、78、79级大学生的中国记忆》,中国对外翻译出版社2014年版,第1页。

希望是自己尽快遇到伯乐，却从未反思过制度的问题。伯乐不常有，发现人才不能靠"人治"，不能寄希望于某个人，而要通过科学化、系统化的制度、程序来发现人才、选拔人才，保证人才供给的持续性，不因人事变动受到冲击。

用人不能简单粗暴，要懂得用"术"。 用人是门艺术，"术业有专攻"，简单粗暴的给人才安排同质的工作是不明智的，成效不好还浪费。量才授任，岗位与才能匹配是最大的节约，而且用人不能一是一，二是二，要适当加压，激发人才的潜能，做到才尽其用。

"爱之深责之切"，骨干人才要多磨难。 "胡子眉毛一把抓"的人才培养模式是最没有效率的，也说明了组织、单位在人才培养上的盲目性。做事要抓主要矛盾、关键节点，人才培养也是如此。骨干人才作为组织、单位的后备梯队要重点培养，通过竞争加速骨干人才成长，为他们早日挑大梁打下基础。

"组团"就像玩积木，有长有短才精彩。 "和而不同"是构建团队的最高境界，团队需要拍板拿主意的人，也需要执行力强的实干派，更需要情商高的外联人才。构建团队就是为了实现团队成员之间的互补，同质化有悖"组团"的初衷，多样化的"团队"构成才能碰撞出精彩。

"少""为他人作嫁衣裳"。 人才资本的积累是组织、单位发展、壮大的源泉，招人、用人、育人一样都不能少，而最为关键的是要避免"煮熟的鸭子飞了，培养起来的人才走了"的尴尬境地。为争夺人才，各方各出奇招，组织、单位要形成自己的留人优势与黏性，"少为他人作嫁衣裳"。

时代与平台都准备好了接纳、争夺人才，那么个人如何成为炙手可热的人才呢？

理想还是要有的。 有人说理想太虚，不如踏踏实实一步一个脚印的做事。执行力是需要的，理想也是不能丢的。理想是人生的"定海神针"，即使身处逆境，需要向现实妥协，它也是人生的亮点，温暖逆境中的时光，引导个体逐渐向他靠拢，直至走进理想。

认识你自己。 这句刻在古希腊德尔斐神殿上的箴言一直被后代大哲拿来警醒世人。石头可以做石雕，碧玉可以做玉雕，各有各的美。石头非要晶莹剔透，或是碧玉非要"深藏不漏"，那只能是"邯郸学步"，想学的没学会，反而把自己的优势也丢了。个人的自身条件是个体发展的基础,立足自身才可能,也才可以放眼世界。

必须要专业。 互联网时代,跨界人才很吃香。但这个跨界绝不是东一点皮毛,西一点末节凑起来的,必须有一方面很专业。"互联网+"很时髦,很多人都想去蹭点光环,实现嫁接,而真正能够嫁接成功的是在某一领域很专业的人才。专业是个体发展的基底,打好了底儿才能继续谈跨界或是深入发展。

自我更新,创新创业。 "士别三日当刮目相待",这就是"日新"的力量。在过去那个慢节奏的时代,"日新"都备受推崇。如今,创新创业渐成大势,个体更要不断的刷新,培养创新创业的能力和精神。个体的完满要在时代的背景下蜕变、完成,主动的自我更新,才能不被时代抛弃。

需传递成才路上遇到的善意。 哈佛商学院院长麦克阿瑟曾在给他的学生致辞时说:"人的一生只做一个企业经理、银行家、学者、企业家,挣许多钱是不够的。除了事业上成功之外,你还应设法帮助许许多多被生活遗弃的善良人。"优秀的人才在成才的路上也得到别人的帮助,自己的成功是成才的一部分,而另一部分就是传递成才的善意,从被培养者转型为培养者,缔造更多优秀人才。

顺势突围,借风翱翔。 时代是无法选择的原生环境,那么人才只能"认命"?答案当然是否定的,人才要顺势突围,借风翱翔。人才的成长之路要学会"借势",知识经济时代,创新创业是热点,"走出去"如火如荼,国际化人才供不应求。显然,这就是时代给人才的提示,契合时代需求,自然"顺风顺水好行舟"。若是非要逆流而上,学没有市场的屠龙之术①,最终归宿大概也逃不出朱泙漫之外。

上述是笔者在本书写作过程中得到的一些启示,同时也概括了本书的行文结构。中观上,组织、单位对人才的培养是人才落地发展的基础。微观上,人才个体的先天资质与后天努力是人才成长的最强动力。

也许并不是所有的人都要经过层层的岔路才能到达终点,人生的成长或许仅仅是要走好几个关键的节点。2008年,时值中国改革开放30周年之际,我推出

---

① 《庄子·列御寇》中记载了一个故事:朱泙漫向支离益学屠龙的技术,耗尽家财学艺三年,技艺炉火纯青。下山之后,却根本没有施展才能的机会。

了《开放你的人生》一书，立足开放的时代特点，放眼一个开放的中国，倡导一个开放式人生。我认为中国崛起的背后，不仅仅得益于过去30年宏观性的国家对外开放政策，还需要具备大国开放心态和高素质的人才作为发展的基石和后盾。2017年，改革开放即将迎来第40个年头，我们在中国社会科学出版社推出本书，重新审视国际国内社会发展的大趋势，立足经济全球化时代下的中国国情，倡导国际化、跨界发展的人才培养模式，引导青年人注意人生中普遍性的成长节点，走好关键的每一步，希望能够帮助青年人在人才成长的麦田里摘到最大的麦穗。

是为序。

王辉耀

全球化智库（CCG）主任

2017年4月

Preface

Talent Development and Time Opportunities

In the era of globalization, all the economic factors such as merchandise, technology, capital and labor force are being constantly reintegrated and transferred across countries. Driven by Internet technology, the world is becoming more well-connected and a new economic era is about to befall.

Against such a backdrop, a revolution is taking place to the global talent development model and structure. As various factors are reintegrating and moving cross-border and cross-sector, the demand for international, professional, and interdisciplinary talents dramatically increases. People owning cross-culture, cross-sector and cross-system knowledge and capabilities are highly desired, and the process to become such a type of multifaceted talent is being diversified and shortened.

As globalization enters into a new phase and China's economy steps into the new normal, an unprecedentedly high attention has been given to the talent development. As a fast-growing economic power, China has become a magnet that attracts international talent. China could only select talent from its own 1.3 billion people years ago, but now its talent pool has been expanding to the 7 billion people in the world. More specifically, driven by the national strategy of "Mass Innovation and Entrepreneurship," the demand for talent with such quality and capabilities is more than ever. Therefore, talent development has been publicly talked as one of top priorities by Communist Party of China and central government for more than 70 times recently, and a national strategy for this particular purpose is being unfolded.

So, it is a good timing and right place to become such a talent to meet those demands in China now, but how? Apparently, it needs to go through a long and rugged road full of uncertainties and possibilities.

Looking back on my life so far, I feel I have been blessed and lucky. At the age of 19, I was given a great opportunity to take the first national college entrance examination after it was reinstalled in 1977 after the Cultural Revolution, and became one of the very few students who made the cut. At 25, I gave up a stable job at government and seized another opportunity to study abroad, as one of the earliest batch of Chinese MBA candidates in Canada. Turning 30, I became the first-ever senior economic and business representative for Canada's Quebec provincial government who was born in mainland China. Five years later, I took a position as the vice president at AMEC-Agra, the world's largest international professional services group specializing in engineering, and successfully introduced the first foreign investment to China's Three Gorges Dam project.

After moving back to China, I initiated Chamber of Commerce of Western Returned Scholar Association (WRSA) and the 2005 Committee in it, and then founded the Center for China and Globalization, which has now grown into the most influential independent think tank in China. Through those efforts joined by a large number of influential and reputable overseas returnees, I was able to contribute and also gain my strength in the course of bringing more Chinese talent abroad back home.

Everyone, successful or not, depends on whether he/she can grasp opportunities of the times. Taking a retrospective look at my professional life, I always say "I thrive on changes because it is the only way to seize the opportunities and control you own destiny". Now, China is quite different from itself in 1960s and 70s. Soon after I returned to China, I was appointed as Vice President of WRSA, and started my study on talent policies and development. After a long-term study on talent development policies, I deeply understand the growing process of a successful talent, its difficulties and complexities. The success is determined not merely by oneself but more important, by the platform he/she has and the time.

With such courage and vision, I became the first person from mainland China as the cover figure by Canadian Business Week magazine, one of the top 10 overseas Chinese returnee entrepreneurs nominated by NDRC' China Investment magazine, and one of the most 10 respected overseas Chinese returnees selected by sina.com and Zhongguangcun magazine readers.

Drawing from my own experience and stories of many other successful talents, I found out some common strategies for talent development in an organization, with the key tactics as followed:
- **Establishing a scientific and systemic institution and procedure** to identify and select talents as well as ensure their sustainable development, instead of counting on individuals' tendency and capabilities to do so.
- **Developing an artistic approach to leverage talent,** such as assigning the tasks based on their specialty and setting a proper amount of expectation to tap their greatest potential.
- **Prioritizing the talented people holding key positions,** by assigning them tougher tasks to grow their capabilities and creating a fair competition environment to advance their career.
- **Building the team with people that have diverse talent and advantages,** to allow the members complement, inspire and support each other and to create a differentiated but harmonious and efficient team.
- **Retaining talents** by offering an environment, platform, or eco-system needed for their skill training and career development.

As for individuals, I also have some recommendation on how to develop into a desirable talent who can stand out in the global competition.

- **Ideal is still necessary** in one's life, to serve as an overall direction and source of courage and determination to achieve his career goals.
- **Don't lose yourself in the attempt of blindly learning new skills and creating career path.** An individual should pursue a career based on his/her competencies and interest.
- **Specialty is a must.** Even though interdisciplinary talent is highly desirable, especially in the Internet era, many people are still expected to have expertise in a certain field.
- **Constantly broadening vision and updating skills** to grow innovation capacity and entrepreneurship. Only by doing so, one can keep a steady foothold in this rapidly changing world.
- **Pass on the goodwill you received along your career path.** As former Dean of Harvard Business School McArthur Hall once said in his addressing to students, beside a successful career, you should also try to help many kind but unfortunate people. Talented people must have received a lot of help from others along the way, and should pass on the goodwill to help more to become the talent like themselves.
- **Learning to "fly with the wind" and "swim against the stream".** Indeed, we cannot choose the time we live in, but it does not mean that we just take our destiny for whatever it is. We should learn how to thrive on momentum such as growing opportunities for innovation and entrepreneurship in the era of knowledge economy and rising demand for international talent as Chinese companies are going global.

Those above outline the main structure and include the key takeaways of this book. In a macro perspective, we believe organizational effort for talent cultivation is crucial, a foundation for talent development. In a micro perspective, born genius and necessary skills are both important to talent development.

It is not necessary to go through many detours to reach one's final destination, but several key steps to one's goal are essential and crucial. In 2008 when China marked the 30th anniversary for the reform and opening-up policy, I published the book "Open Up Your Life" to present my ideas about how to live in the opening-up era and opening-up China. China's rise is not only an outcome of the reform and opening-up policy in the past 30 years, but also a result of China's opening-up mentality as a great power and its expanding pool of high-quality talent.

A decade later as China is about to commemorate the 40th anniversary of its reform and opening-up policy, I had another book published by China Social Sciences Press to review the new trends in social development both at home and abroad and to initiate new models to cultivate international and interdisciplinary talent. I wish this book could be helpful for young people to make right decisions at the key moments of their career and to enjoy benefits most from the decisions.

Wang Huiyao
President of the Center for China and Globalization
April, 2017

上篇

创新人才观念

第一章
全球化的人才观

中国是在十三亿人口中选人才,而美国是在全球七十亿人口中选人才。

——李光耀 新加坡前总理

全球人才大流动

诺贝尔奖得主斯蒂格利茨(Joseph E. Stiglitz)在《创造一个学习型社会》(*Creating A Learning Society*)中提出:相较于传统经济学关注的土地、资本等生产要素,知识增长和传播才是经济发展的第一动力,其在经济发展中的贡献为80%以上。① 人尽其才,则国富民强。人才资源对于一国的竞争力提升正变得举足轻重;综观世界,高端人才流动的趋势也愈演愈烈。

留学人群跨国流动程度明显加快,其中接受高等教育的留学人数增长明显。② 根据美国国际教育协会(Institute of International Education,IIE)"Project Atlas"研究数据,2015—2016年在美国、英国、中国、澳大利亚、加拿大、日本等八个国家接受高等教育的国际留学生为3322792人,比2014—2015年增长了6.4%③。

---

① Joseph E. Stiglitz & Bruce C. Greenwald, *Creating a Learning Society: A New Approach to Growth, Development, and Social Progress*. Columbia University Press, 2014.
② OECD, Education at a Glance 2015 Indicators, http://www.oecd.org/edu/educationataglance2015indicators.htm.
③ 美国国际教育协会, Project Atlas(2016 release): Current Infographics, https://www.iie.org/Research-and-Insights/Project-Atlas/Tools/Current-Infographics.

整合"国际自由人"

2011年3月,夏智诚(Mark Hutchinson)出任通用电气(GE)全球副总裁、大中华区总裁兼首席执行官。他来自澳大利亚,妻子是香港人,也正是妻子的家人帮他取了"夏智诚"这个地道的中国名字。他曾在伦敦、东京、美国、巴黎工作,现在又搬到上海,在职业生涯里一年365天有260天在外出,曾搬过7次家,在全球很多个国家生活过。

夏智诚是典型的"国际自由人"(International Freeman,IF)。十几年前,该概念诞生了,被定义为"可以在全球范围内自由地选择工作、居住和生活地点的人"。[①] 在当前全球化大发展的浪潮下,他们是与多数人生活层面完全不同的人群,是国际社会的精英。他们拥有出众的才智和经济实力,工作跨度可达几大洲。

一个来自印度保守的贵族家庭的23岁女孩拿着500美元,前往耶鲁大学商学院,追逐她的"美国梦",她就是英德拉·努伊(Indra Nooyi),后来当上百事可乐公司的总裁兼首席执行官。

在美国印第安纳州,一位来自摩洛哥卡萨布兰卡的西班牙公民托雷尔(Sidney Taurel)在法国和美国留学后,到巴西和欧洲从事经营行业,2016年出任培生集团董事长。

著名猎头公司光辉国际(Korn/Ferry International)的负责人英格索尔(Charles Ingersoll)曾在一次访谈中说,现在谋求在母国以外发展的国际管理人才队伍正在日益扩大。同时,国际化的企业主管可以成为公司的宝贵财富。与一些美国主管相比,他们能够更自如地与不同族裔和民族的人一起工作,到不同的国家生活。此外,即使那些没有外籍高层主管的公司,现在也往往要求新聘用的本国经理到另一个国家去走马上任,获得国际经验。

特别是,发展中国家的高管数量也在呈现递增趋势,如埃及、摩洛哥、

---

① 国际自由人(International Freeman,IF)于2002年由刘克亚先生提出。

尤其是印度。他们一般会去发达国家攻读高级学位，毕业后进入跨国公司，通过自我奋斗而进入高级管理层。越来越多的跨国公司董事会意识到，全球化公司需要全球化管理人才，而这类人才并不总是持本国护照。与此同时，也有越来越多的中国面孔开始出现在全球跨国公司的高管席位上。

达信（Marsh）中国区首席执行官李铭涉足保险行业超过23年。1997年加入美国达信公司，很快晋升为达信中国区副总经理，任至达信中国区首席执行官，主要负责运营达信公司中国区的特险业务。

从职业律师起步，原英特尔（Intel）公司副总裁、副总法律顾问和中国区执行董事，现担任苹果公司（Apple Inc.）副总裁的戈峻，上任后执掌苹果中国大区的发展战略、企业发展、政府事务、政策研究等工作。

从联合国主播到美国博雅中国区董事总经理，从美国维亚康姆MTV亚洲资深副总裁到阳狮锐奇集团（VivaKi）大中华区主席，李亦非凭借睿智的全球视野和对中国市场的资源融合能力，再度任职全球领先的对冲基金公司英仕曼集团（Man Group）中国区主席……

此外，随着全球化的深入发展，人才流动也早已不再停留在一个一个地去吸纳的模式上，而是已经成规模、成建制运作。特别是当企业海外投资并购，进行产业资本的运作和整合之时，人才队伍的配备也开始以整合的模式分割与重组。

早在2004年，联想12.5亿美元收购IBM，俨然成为国际人才构建性重组合并的范例。为了挽留核心团队，联想以3500万美元专门用于员工激励，又追加2200万美元现金留住了高管团队，最后联想又使出了国际惯用的"金手铐"——用价值3500万美元的联想股票置换IBM高管团队手中无法兑现的IBM"废纸"股票。最终实现了并购IBM的同时，并购其高水准团队的协调效益。

正如巴菲特所说，"低迷正是进入的良机"。2008年9月，雷曼兄弟公司宣布申请破产后的第10天，日本的证券业霸主——野村控股金融集团便将其除北美地区以外的全球事业总部一网打尽，"收编"了金融精英7000余人，"抄底"了近2500人的世界顶级金融队伍。

2009年，重庆金山科技集团董事长王金山跟随温家宝总理访问了德国、西班牙和英国，进行著名的"采购之旅"。他在英国相约面谈的伦敦金融街人士曾高达上百人，最终不花一分钱"抄底"了一个英国 21 人的一流医药研发团队。

随着经济贸易全球化的发展，跨国公司在全球范围内跨界经营，在全球范围吸引和招募人才的同时，世界人才的流动已经开始呈现人才建制运作和规模化流动。因此今天，我们遇见的"国际自由人"已经不再是单个的个体，而是一个群体，一个团队，国际人才血液流向也更具有建构性和整合性。

政坛邂逅"异国"面孔

在法国，有着"内阁宝贝"之称的法国萨科齐内阁人权部长和体育部长拉玛·雅德（Rama Yade）出生于塞内加尔，这位年仅 30 岁出头的穆斯林在法国政坛直率敢言，拥有超高的民意支持率；同在法国内阁，一位生于韩国被领养的女孩福乐尔·佩勒林（Fleur Pellerin）当上奥朗德的内阁文化与通信部长。

2016 年，操着带有非洲法语口音的流利德语、出生于塞内加尔的化学家卡伦巴·迪亚比（Karamba Diaby）和塞内加尔裔演员、56 岁的查尔斯·M. 胡贝尔（Charles M. Huber），同时成功当选为德国议员，成为德国历史上首次产生的非裔联邦议员。

从难民到高官，加拿大则见证着一次次的"华丽转身"。2017 年 1 月，16 岁时以索马里难民身份来到加拿大的艾哈迈德·胡赛因（Ahmed Hussen）20 多年后出任加拿大的移民、难民和公民部长；1999 年，以 20 世纪 40 年代美日交换战俘的难民身份移民到加拿大的伍冰枝，成为加拿大首位华裔总督。而就在她卸任后，出生在海地首都太子港、11 岁随父母以难民的身份移居到加拿大的米夏埃尔·让（Michaelle Jean）成为继伍冰枝之后的下一任总督。

现如今，越来越多的异国面孔开始出现在国家政治舞台上，而且其中不乏高层职位。美国前总统奥巴马曾提名朱棣文任职美国能源部长，提名美国首位华裔州长骆家辉为驻华大使，提名华裔卢沛宁出任劳工部副部长。2016 年，新任总统特朗普起任华裔赵小兰担任交通部部长。

在欧洲，以亚洲裔为代表的"沉默的大多数"这一社会印象正被颠覆。2010年，德国首次有中国选团参与的黑森州议会外国人参事会选举，顾裕华和杨明胜出；2014年，华人谢盛友高票当选德国班贝格市市议员，引起舆论轰动；2015年英国大选，华裔候选人参选数目创下参选史之最，华裔麦大粒当选下议院议员，打破了"华裔当不上英国议员"的魔咒。

在大洋洲，2015年澳大利亚新南威尔士州大选中，华裔珍妮·梁击败对手成为新州政坛历史上首位华裔下议院议员。

此外，西方政坛的华裔"新生代"也不断涌现。作为年轻的新移民，王鑫刚、何易当选为英国保守党国会议员的候选人；"90后"华二代黄堃作为华裔工党上议院议员候选人参与澳大利亚新州大选，得到不少粉丝追捧。

在为华人在海外政坛的表现不俗欢呼之余，我们不禁思考：本土人民是否信得过这些"外国人"为其治国平天下？

答案是，不仅信得过，而且很需要！

当前我们看到越来越多的外裔精英人士作为政坛亮点出现在公众视野中，他们抑或拥有良好的家庭教育背景，抑或是商界财阀大亨，抑或在本国代表一个特殊群体，抑或作为一个特殊的外交符号，虽然他们有着外国人的长相，但都以本国公民身份在本国寻求政治权利保护以及代表，越来越多的外裔开始步入政界，开启他们的仕途之旅，行使权利，履行义务，参政议政。而外来族裔精英在异域积极参政的背后，则是引进外籍精英和顶尖人才的《移民法》和"双重国籍"政策的强大支撑。

美国的5类优先职业移民列表上，排在第一优先的便是专家教授、研究型学者以及跨国公司的主管或经理。这一"杰出人才"绿卡恰恰针对吸引在全世界的科学、艺术、教育、体育等领域取得杰出成就的顶尖人才，而且名额一直有效，从不需要排期。

2004年，班加罗尔的一套公寓里，搬进了一个时隔25年，从美国回到印度的工程师，带着自己的白人妻子和一个印美混血儿子。可是就在几年前，他的美国妻子曾经告诫他说：除非他打算放弃美国国籍抛弃妻儿，否则不要回印度。2003年，随着印度"双重国籍"的开放，这位工程师终于在家乡与家庭之间找到了一个两全其美的平衡。

为吸引海外人才，印度政府建立了海外印度人才库，并设立众多机构为这些海外侨民服务，颁发"印度裔卡"和"印度海外公民证"。2009年，印度实施"印度海外公民"计划。该计划允许父母或者祖父母在共和国建国后成为印度公民，在印度宣布独立后作为属于印度领土地区的公民的海外申请者成为"印度海外公民"，享受终身签证、在金融、经济、教育等领域享有和海外印度侨民同等的权利，并享有申请转为印度公民的权利。

澳洲移民理事会执行长卡拉·威尔舍（Carla Wilshire）曾谈道，"作为地理上独立的国家，澳洲非常依赖移民，移民对澳洲的竞争力来说十分重要"。[1]早从20世纪90年代起，澳大利亚就已经开始采用职业移民清单和积分评估制相结合的方式来吸引人才。[2]申请人只要符合"紧缺职业列表"清单上的职业就可以申请移民。[3]2011年7月，在"技术选择"（Select Skill）移民模式下，澳洲政府通过系统数据建模来选择模型匹配合格的申请人。这一模式便如同一个人才储备库，为澳洲政府在"技术选择"系统里甄选所需人才提供便利。[4]

世纪之初的德国面临严重的IT行业人才紧缺，由此"绿卡工程"开始启动，同时改革《国籍法》，开放双重国籍。特别针对信息、通信等行业的外国精英人才，德国政府把国籍当作"礼物"鼓励他们来德长期工作，还特别面向高技术人才实施积分移民制度，以投资和技能作为加分依据。[5]

不同国籍法案的出台和移民政策的颁布给予精英人士更多的机会和选择，同时，给予来到异邦扎根生活的他们政策上的归属和接纳。由此，越来越多的外裔迁至国内生根发芽，在异域找到归属感和自豪感；也为同胞在异邦生

---

[1] 《PwC澳洲移民专家：457签证改革的真正重点》，(http://finance.eastmoney.com/news/1351,20161202689887078.html)。

[2] 同上。

[3] Cully M. "Skilled Migration Selection Policies: Recent Australian Reforms." *Migration Policy Practice*, 2011,1(1).

[4] 澳大利亚移民和公民部，http://www.immi.gov.au/skilled/general-skilled-migration/visa-options.htm。

[5] 王辉耀：《人才战争》，中信出版社2009年版，第135—141页。

活争取权利，在政坛发言发声。

国际"大脑"群贤毕至

2009年，全球化智库（CCG）代表团前往美国兰德公司进行工作访问。兰德公司坐落在美国洛杉矶附近圣莫尼卡镇，这里是美国智慧大脑的聚集地，同时也有众多来自世界各地，在此进行客座研究和学术交流的外国专家。

作为世界上著名的国际间人才聚集库和世界智囊团，兰德公司十分注重对于优秀国际"大脑"的吸纳。研究人员来自世界上40多个国家，拥有近70多种语言能力，他们多数是双语者和多语者。此外德国柏林、英国剑桥等地均有兰德公司的分支机构，还包括兰德海湾国家政策研究中心和卡塔尔政策研究所。

总统特别助理的李侃如（Kenneth Lieberthal）、布鲁金斯学会东北亚政策研究中心主任卜睿哲（Richard C. Bush）等。总体而言，作为独立性的研究咨询机构，智库无时无刻不发挥着汇聚全球顶尖"大脑"的磁力。

除智库之外，众多国际组织也呈现强大的吸"智"能量。2015年，我[①]受邀成为国际移民组织（International Migration Organization, IOM）顾问理事会理事，有幸作为IOM高端顾问咨询理事会成员中的唯一一位中国人为IOM决策层提供咨询建议。其实现如今，随着中国国际地位的增强和经济大国、外交大国形象在国际舞台上的树立，我们能够在越来越多的国际组织和机构找到中国人的身影。

2014年，国际电信联盟（ITU）第19届全权代表大会在韩国釜山召开，国际电信联盟副秘书长赵厚麟当选新一任秘书长，成为国际电联历史上首位中国籍秘书长；2015年，中国标准化专家委员会委员、原鞍山钢铁集团总经理张晓刚正式就任国际标准化组织（ISO）主席；2016年，继国际货币基金组织（IMF）

---

① 本书第一作者王辉耀。

原副总裁朱民卸任之后，IMF再次迎来第二位中国籍副总裁张涛。

现如今，中国作为亚洲经济崛起的代表力量，越来越多的华人面孔出现在了国际舞台上。比如，联合国儿童基金会项目官员张亚丽、透明国际亚太部东亚区高级主任廖燃、曾任世界银行副行长的林毅夫、现任世界卫生组织总干事陈冯富珍、曾任联合国副秘书长沙祖康，以及联合国国际法院原院长的史久镛等人。

从跨国公司到异国政坛、从智库到国际组织，随着世界政治经济全球化的深入发展，各国人才在全球范围内不断地流动、竞争、淘汰、更迭……全球人才大流动的潮流持续喷涌，与此同时，国家间的人才争夺也日趋激烈。

危局之下，十字路口

得人则安，失人则危

在经济全球化背景下，世界经济进入关键路口，全球人口生育率增长放缓，社会老龄化加速，经济社会发展难当重压……由此世界各国纷纷出台各种措施，吸引国际人才为本国经济、社会发展增添活力——美国《加强21世纪美国竞争力法》、日本"240万科技人才开发综合推进计划"、加拿大"创新战略"、德国"青年教授制度"、韩国"21世纪智慧韩国工程"等。根据联合国报告，2015年世界跨国流动人数达到2.44亿，其中71%流向高收入国家，72%为20岁至64岁工作年龄段的劳动力，而其中大多为各领域的人才。①

与此同时，中国引进人才不足，国际化人才比例低。相比于纽约、伦敦、巴黎等国际大都市的国际人才率都超过10%，北京、上海、广州等地国际人才率却不足0.5%。联合国数据显示，2013年在中国境内居住的外籍人员仅占中国人口的0.06%，远低于发达国家10.8%的平均水平，也低于3.2%的世界平均水平，甚至低于发展中国家的平均水平1.6%和最不发达国家的平均水平1.2%。虽然中国移民净赤字有望到2020年扭转，但在短期内达到最不发达国家人口国际化水平却是不可能的。②

BWCHINESE中文网形象地把今天的中国描述成一个身材不断增大，但血液却不断流失的巨人，"有一天，等到身材完全长大，但身体里的血却已流失殆尽"，并预言"中国的精英正以惊人的速度离开中国，将来的三年至五年后，跨国公司在华可能将找不到一流的经理人"。③ 同时，中国相对保守的选人用人观已经跟不上知识经济发展和产业转型的步伐。一方面，中国仅

---

① 联合国：《世界移民报告（2015年）》修订版。
② 王辉耀、刘国福、苗绿主编：《中国国际移民报告（2015）》，社会科学文献出版社2015年版，第13—14页。
③ 角卜升：《中国五年后或将没有一流人才》，BWCHINESE，（http://www.bwchinese.com/article/1063910.html）。

仅在近 14 亿人口中选人才；另一方面，这些人口中的精英，却又正在大规模地流向美国等西方国家。

全球化"将、帅"告急

在区域的地理界限被科技发展"突破"之后，全球化扑面而来，世界各国都积极参与其中，从货品到人才，无一不在接受全球化的洗礼。

继 2015 年中国对外直接投资存量首次突破万亿美元大关之后，2016 年迎来了中国企业海外并购的最强开局之年。然而据 2010 年安永调查，70% 的中国企业是第一次实施海外并购，其中又有 90% 的企业在海外并购前没有在目标公司所在国的投资经验。[1] 该调查显示，中国企业多数是进行并购业务在先，培养海外人才的需求之后才提上日程。在中国企业"走出去"如火如荼进行的背后，再次遭遇国际人才发展瓶颈。

世界经济论坛《2016—2017 年全球竞争力报告》（The Global Competitiveness Report 2016—2017）显示，中国在 138 个经济体中排名第 28 位，居于马来西亚、韩国、冰岛之后，略高于沙特。其中，中国以"市场规模"高居第一，"宏观经济环境"优势第 8 位，但"人才科技水平"却为第 74 位。[2] 近年来，伴随着中国崛起，高科技产业以及产业链高端环节、知识经济和创新创业已呈现出经济增长潜力与势头。然而，我国依旧依靠大量的廉价劳动力、高投资为保障的基础建设，以及以高能源消耗和高环境污染为代价的低端制造业带动经济发展，而非依赖人才与知识经济。因此，在我国产业结构调整和升级的十字路口上，当下的中国"比历史上任何时期都更加渴求人才"[3]。

---

[1] 安永，http://www.ey.com/。

[2] 世界经济论坛：《2016—2017 年全球竞争力报告》（The Global Competitiveness Report 2016—2017），（http://www3.weforum.org/docs/GCR2016—2017/05FullReport/TheGlobalCompetitivenessReport2016—2017_FINAL.pdf）。

[3] 习近平总书记在 2013 年 10 月欧美同学会成立 100 周年庆祝大会上的讲话。

2015年11月,联想集团高级副总裁乔健在全球化智库(CCG)主办的第二届"中国企业全球化论坛"上谈及:"企业……要在全球寻找最适合的人。企业的目标是把最好的人才招到,把最好的文化共同整合起来,企业要在全球寻找最适合特定岗位的人。"中国美国商会会长杜骁勇(Mark Duval)也建言:"要根据目标雇佣人才。企业在雇佣之前要明确岗位设置的作用和目的,从而根据需要寻找人才,不论是中国人、韩国人还是美国人,不应该限制国籍区别,因为企业人才雇用取决于要实现的目标,这样才能实现理想的管理和结果。"

"人才兴则民族兴,人才强则国家强。"

现阶段人才流动的全球化、加速化,将对各国的经济、社会发展带来不可估量的影响,甚至在一定程度上会引起国际格局以及实力对比的重新洗牌。作为发展中国家,中国要在国际社会上站稳脚跟,在国内实现产业升级、经济结构调整,吸引和培养国际化人才是中国需要且必须重视的命题。

"留学潮"赤字下的恐慌

19世纪末,清政府开始输送幼童赴美留学,开启了中国近代留学史的篇章,前后四批120名幼童乘坐轮船,远渡重洋抵达美国。他们曾就读美国哈佛大学、耶鲁大学、哥伦比亚大学、麻省理工学院,他们生于世界格局震荡的时刻,站在工业革命的最前沿,成为中国矿业、铁路业、电报业的先驱,成长为清华大学、天津大学最早的校长,诞生了中国最早的外交官员,甚至还有中华民国的第一任总理。

百年之后的1978年,邓小平同志提出,"我赞成留学生的数量增大……要成千成万地派,不是只派十个八个"[1],由此拉开了新中国成立后留学潮的序幕。今天,在众多人才来源中,留学生早已作为一支强有力的人才资源

---

[1] 中国网:《出国留学30年:从"精英留学"到"大众留学"》,(http://www.china.com.cn/economic/zhuanti/ggkf30/2008-11/28/content_16866833.html)。

队伍崛起。他们具备开阔的视野，熟悉海外的文化、习俗、制度，是中国"走出去"的重要桥梁；同时对中国本土文化、制度、国情的了解又是外籍人才无法比拟的，是世界了解中国的窗口。今日，留学生群体已经成为潜在的国际人才资源，各国人才争夺的焦点之一。

正如体坛精英加入顶尖俱乐部，中国的年轻才俊也被名牌大学所吸引。2014年日本《外交学者》曾发表文章《中国对常春藤联盟的恋情》，指出中国精英学子对哈佛大学等国际顶尖大学的向往，也并非秘密。[①] 如今外国顶尖大学也正以前所未有的规模吸引中国尖子生。无论是加州大学伯克利分校、耶鲁大学还是剑桥大学，一流学府都闪动着中国年轻才俊的身影。然而，在一张张名校录取通知书的背后，却是国家的人才流失与赤字。

在硅谷，软件公司的技术主管和实验室主任中有35%是华人……华尔街

图1-1 2004—2015年中国海外与在华留学人数情况

---

① 《日媒：中国国家人才流失，学子日益迷恋常春藤》，《环球时报》，（http://oversea.huanqiu.com/article/2014-08/5093881.html）。

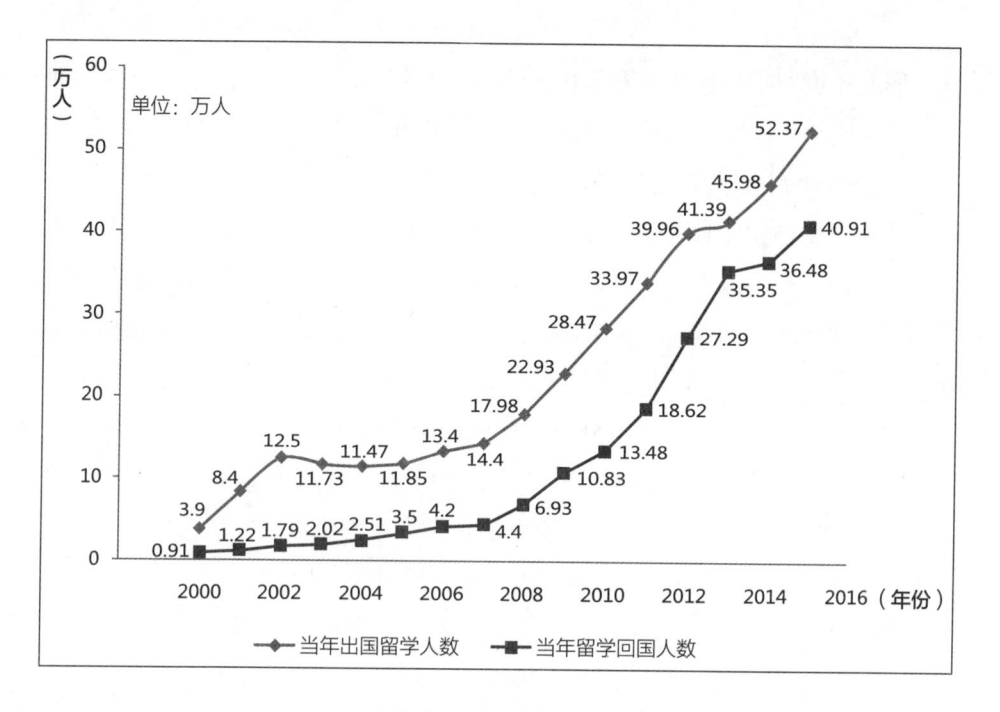

图 1-2　2000—2015 年度我国出国留学人数与当年留学归国人数

资料来源：根据全球化智库（CCG）《中国留学发展报告（2016 年）》相关资料整理。

的魅力仍然是很难抗拒的。相当一部分华尔街金融界的华人精英没有回国发展的打算。金融工作的国内外监管标准差异是一方面；另一方面，多年在外的华人思维和做事方式已经西化，且往往已成家立业，也就更无回国重新适应生活的打算……

根据《中国留学发展报告》统计，2015 年中国在外深造的留学生总数达到 126.43 万人，同比增长 17.5 万人；同年在华留学人员人数仅为 39.76 万，而且增速相对缓慢。同时，出国留学与来华留学逆差造成的留学"赤字"问题已十分突出。2015 年，我国的留学"赤字"达到新高峰 86.67 万人，比 2011 年度高出了 5.05 万人（见图 1-1）。[①]

---

① 王辉耀、苗绿：《中国留学发展报告（2016）》，社会科学文献出版社 2016 年版，第 30 页。

同时年度留学回国人数和出国留学人数之间仍然存在逆差,如2013年回国人数与同年出国留学人数之间的逆差达6.04万人;一年后,该逆差扩大至9.5万人;2015年则进一步扩大至11.46万人(见图1-2)。

此外,虽然留学归国人员有日渐增多的趋势,但在海外取得博士学位者归来的比例并不高。美国社区调查(American Community Survey)的数据显示,中国内地出生的具有博士学位的旅美人数为12.4万,占全美博士学位移民的16.7%,比印度高出1/3以上,比墨西哥高出近9倍。[①]美国科学基金会(National Science Foundation)针对美国科技工作者的调查则显示:2010年,美国的理工科博士毕业生中,出生在美国之外的有39.5万人,其中23%来自中国,高出第二位印度10个百分点。[②]我国高素质留学人才的流失已经成为留学"赤字"中的最大隐患。

美国《科学》杂志曾发表过《美国研究生教育:头号博士培养学校现在来自中国》一文,其中写道:"(2008年)夏季奥运会下个月才开幕,可中国的大学已经在一项全球高校的重要竞赛中领到了金牌和银牌。"这家严肃的世界级学术期刊,将清华、北大比作"最肥沃的美国博士培养基地"。[③]

《美国大学博士学位获得者综合报告》对2006年度全美45596名研究型博士学历背景的分析显示,"出产"美国博士最多的三所学校分别是清华大学571人、北京大学507人、加州大学伯克利分校427人。

高质量人才流失无疑是中国经济、社会建设的一大隐忧,中国承担了人才培养的成本,其他国家却享受了人才培养的成果,这种以削弱自己的方式去增强竞争者,对中国来说是双重损失。

---

① American Community Survey (ACS),https://www.census.gov/programs-surveys/acs/.
② 美国科学基金会,https://www.nsf.gov/.
③ 凤凰网:《中国名牌大学是"最肥沃的美国博士培养基地"?》,(http://news.ifeng.com/opinion/200809/0912_23_780916.shtml)。

"人财"流失的思考与应对

都给我吧，把那些疲惫的人、穷困的人，渴望自由呼吸的芸芸众生，喧闹海边的可怜虫，都送到这里来，无家可归、颠沛流离的人们。在金门之旁，我高举明灯。

在自由女神像下，镌刻着美国女诗人爱玛·拉扎露丝（Emma Lazarus）的一首脍炙人口的诗——《新巨人》（*The New Colossus*）。美国建国初期的自由移民政策，如同美国的象征——自由女神像一般，吸引着世界各国的人来到美洲大陆开启"美国梦"的追逐历程。

PayPal 创始人麦克斯·拉夫琴（Max Levchin）曾说，"我相信，来自全世界那些最优秀的创业者，应该和我享有同样的机会，在美国造福他人，成就自己。"据统计，1996—2013 年间，美国有 72 名移民科学家获得诺贝尔奖，占美国获诺贝尔奖人数的约 1/4。[①] 美国《财富》500 强公司中约 40% 是由移民创立，在硅谷，该比例已超过一半。特斯拉创始人马斯克（Elon Musk）、Uber 创始人加里特·坎普（Garrett Camp），以及谷歌创始人之一谢尔盖·布林（Sergey Brin）都是移民创业者中的典型。《福布斯》曾报道，在美国 87 家估值 10 亿美元的独角兽公司里就有 44 家的创始人是外来移民，这些明星公司中有 70% 的高管和产品团队里有外来移民者。[②]

如今，为了吸引全球的人才尤其是高科技人才，美国的移民政策变得更加富有吸引力。为了争取 STEM[③] 专业的留学生，美国取消了对这些专业博士和硕士毕业生的职业移民年度限额，毕业时"附赠"绿卡，大大提升了高学历人群毕业后移民美国的可能。

在英国，据《英中时报》报道，每 7 家英国企业中就有 1 家企业属于移民企业。来自 155 个国家的海外移民在英国创办了企业，创业者人数接近 50

---

① 王辉耀、刘国福、苗绿：《中国国际移民报告（2015）》，社会科学文献出版社 2015 年版，第 5 页。
② 江敏：《美国 50% 独角兽公司创始人有移民背景》，《界面新闻》，2016 年。
③ Science, Technology, Engineering and Mathematics（STEM）为科学、技术、工程、数学的统称。

万人。①

在加拿大，政府主要通过广收留学生以及外国移民来达到经济类、护理人员、实业技术人员等方面人才的目标。

在以色列，国家"移民吸收部"与国防部门同级。20世纪70年代大量高技术犹太裔人才回国"寻根问祖"，为全世界贡献了20.2%的诺贝尔奖得主；2009年"回到祖国"战略则吸收了2400名欧美国家的犹太裔顶尖科学家回归，成绩斐然。②

法国、德国、日本、新加坡等高收入国家也争相在经济、制度、社会福利上为吸引移民创造优势，结合全球化深入发展、技术进步、制度壁垒减弱等大的时代背景，客观上均为国际移民提供了便利。

据联合国统计，2000—2015年间，国际移民数量以约2.3%的年增长率增加，2015年全球共计2.44亿国际移民，占全球总人口的3.3%，③其中高收入国家接收了全球2/3以上的国际移民。④国际移民给迁入国带来人口优势的同时，更带来了人才优势。联合国《2015年全球移民报告》（*International Migration Report 2015*）显示，2015年72%的国际移民年纪在20—64岁之间，⑤而且拥有高等教育学历的比例高于整体人口受到高等教育的比例。⑥

反观中国，根据CCG《中国国际移民报告（2015）》统计，世界各地华侨华人总数约为6000万人，中国国际移民群体成为世界上最大的海外移民群体。⑦

---

① 王辉耀、刘国福、苗绿：《中国国际移民报告（2013）》，社会科学文献出版社2013年版，第6页。
② ［以］顾克文、［以］丹尼尔·罗雅区、王辉耀：《以色列谷》，肖晓梦译，机械工业出版社2015年版，第167页。
③ 从2000—2005年，国际移民的年均增长率为2%；2005—2010年，年均增长率迅速增长到3%；2010—2015年，年均增长率为1.9%。联合国：《2015全球移民报告》。
④ 约有1.73亿国际移民流向高收入国家，在欧洲、北美洲、大洋洲，国际移民甚至占到了总人口的10%以上。约0.61亿国际移民去了中等收入国家，0.09亿国际移民去了低收入国家，特别是在非洲、亚洲、拉丁美洲和加勒比海地区，国际移民的比例甚至不到2%。联合国：《2015全球移民报告》。
⑤ 在全球人口中，20—64岁的人口仅占58%，联合国：《2015全球移民报告》。
⑥ 据经济合作与发展组织（OECD）统计。
⑦ 王辉耀、刘国福、苗绿：《中国国际移民报告（2015）》，社会科学文献出版社2015年版，第13页。

美国是中国移民首选的目的国。据美国人口普查局和国土安全部的统计，2013 年，47% 的中国移民（25 岁及以上）拥有学士或更高的学位，而这一比例在美国的全部移民当中仅为 28%，在美国本土人口当中仅为 30%；2000—2015 年，中国一直是加拿大永久居民最大来源国之一①；2012 年，中国超过印度等国家，成为英国最大的移民来源国。

移民潮高涨的背后不仅是国内财富和人才的境外转移、税收和消费的流失，更对中国"橄榄型社会"的建立造成负面影响。中国海外移民的主流人群为 35—55 岁的中产阶级，该群体的大量迁出直接造成"人财"两个方面的损失。

就在各国争相引才之际，我国海外移民大潮却愈演愈烈，这些移民不仅仅是高精尖人才，同时还多为高净值投资群体。根据招商银行联合贝恩资本发布的《私人财富报告（2011）》显示：2010 年中国可投资资产在 1000 万元人民币以上的人群数量达 50 万人，共持有可投资资产 15 万亿元人民币。其中，接受调研的高净值人群中近 60% 的人士表示，已经完成投资移民或有相关考虑。② 高净值人群的"出走"带来了不可估量的国内资产损失。仅 2009 年就已经有 80 亿元人民币随着 3000 人的投资移民流入美国和加拿大；投资移民年均流出资产已达 2000 亿元。③

另外，移民潮造成"人财"流失，而我国并没有得到相应的人才和资金补充。国际人才引入和国际投资移民来华的机制均未开放，同时国际留学生来华数量也相对有限，由此造成的"移民赤字"成为我国现阶段不可回避的问题，最大程度地争取国际人才成为我国人才战略的当务之急。不管是"走出去"的移民、留学生、海外华侨，还是来华留学生、外籍人员，都有不同的文化

---

① 王辉耀、苗绿：《中国国际移民报告（2015）》，引自《加拿大部长来华推介移民项目多种途径供选择》，《参考消息》，2014 年 3 月 26 日。

② 王辉耀主编：《中国国际移民报告（2015）》，社会科学文献出版社 2015 年版，第 13—14 页。

③ 王辉耀：《我国对外投资移民对中国的影响》，参见中国银行私人银行、胡润研究院《2011 中国私人财富管理白皮书》，2012 年；童大焕：《中国投资移民每年带走 2000 亿元财富》，网易教育（http://edu.163.com/11/0620/09/76VUTV4N00294III.html）。

背景、知识结构、思维方式，他们的加入以及与中国文化、思维的碰撞都将产生非常值得期待的化学反应，为中国凝聚人才力量。

择天下英才而用之

中国梦不单单是"中国人的梦想"，而是全世界人的中国梦。未来的三十年，中国将拥有宽广的国际视野，把目光从国内转向世界，我国的人才选择从过去13亿人中选才转向今天从全球70亿人中选才，让全球人才与我们共筑中国梦。

近年来，海外人才在我国集聚趋势显著。2016年，中共中央办公厅、国务院办公厅印发了《关于加强外国人永久居留服务管理的意见》、在公安部出台支持北京等地创新发展出入境措施之后，人力资源和社会保障部、外交部和教育部联合印发《关于允许优秀外籍高校毕业生在华就业有关事项的通知》进一步放宽外籍高校毕业生在中国就业政策。这不仅是我国构建具有国际竞争力的人才制度、广纳天下英才的重要举措，也是中国全球化人才竞争战略至关重要的一步。

全球化的浪潮，世界性的人才流动，知识经济的冲击，对于中国来说，这一切都蕴含着机遇。习近平总书记在党的"十九大"开幕式上强调，"人才是实现民族振兴、赢得国际竞争主动的战略资源。要坚持党管人才原则，聚天下英才而用之，加快建设人才强国。实行更加积极、更加开放、更加有效的人才政策，以识才的慧眼、爱才的诚意、用才的胆识、容才的雅量、聚才的良方，把党内和党外、国内和国外各方面优秀人才集聚到党和人民的伟大奋斗中来。"面对着全球人才大流动的形势，中国必然要"苦练内功"，在人才大时代构建开放的大人才观，用开放、包容、尊重的态度来推进人才工作，这必将为中国在全球性的人才竞争中取得加分优势。

不求所有，但求所用

1985年，在美国金融业界有举足轻重地位的美国犹太裔弗瑞德·阿德勒（Fred Adler）建立了以色列第一支风投资金。他扶持了以色列第一家在美国上市的风险投资公司，从此引领以色列风险投资行业发展壮大。现今，以色列的风险投资十分发达，这背后却与在国外从事风投行业的以色列人密不可分。

化学学会主席、以色列理工学院教授基南（Ehud Keinan）说，"以色列没有石油没关系，人才是策略性资源，如果失去聪明的人，我们就完了"。

20世纪七八十年代，大部分到以色列建立研发中心的美国公司，最初到以色列建立分支机构，都是来自公司内部以色列人的压力。近几年，尝到甜头的以色列更懂得利用国内外的犹太人资源，借力使力，训练人才。

近43%以上的以色列科技人才，都从业于跨国企业或其研发中心，同时为以色列吸引精英回国起到了至关重要的作用。比如，英特尔以色列研发中心创始人多夫·弗洛曼(Dov Frohman)、谷歌驻以色列研发负责人约勒·马瑞克(Yoelle Maarek)和思科公司的工程架构主管迈克尔·劳尔(Michael Laor)等一些原本服务于跨国公司的犹太裔技术人员，随着创业环境和人力资源的优势显现，回到以色列本土开展公司事业。①

2000年，日本大名鼎鼎的蓝色发光二极管开发者、拥有191项专利的科学家中村修二移民美国，离开日本时他感慨地说："没奖金、没职位，这就是日本的公司。"② 中村修二的离开却不是日本的特例，面对更多"中村修二"们的离开，日本政府也开始正视人才发展战略的重要性。

日本出台了诸如《外国科技人员招聘制度》《特别研究员制度》吸引外国人才，并为外国科学家提供高额的补助和奖励，以获得其知识与创造成果；日本的美国NEC研究室，重金聘用科学家进行高科技开发和研究工作。为聘

---

① 李威：《以色列科技创新的成功经验与启示》，《决策咨询》2012年第5期。
② 王辉耀：《人才战争》，中信出版社2015年版，第152页。

请欧洲高级研究员进行量子研发工作，日本日立制作所分别在英国剑桥大学和爱尔兰都柏林大学设立分所。日本鼓励并支持各大学、科研机构及企业直接在国外创办研发中心或实验室，直接利用他国的人力资源及科研成果。①

21世纪以来，日本为积极推动"IT立国"战略，解决人员匮乏的现状而制订了"e-Japan"计划，日本各大人才派遣公司纷纷盯准韩国、中国和印度的技术人员，为日本引进了大量IT人才，甚至曾一度在日本的猎头企业出现了"IT韩流"。日本政府经常委托人才派遣公司邀请外国科学家到日本参观、讲学、旅游，广泛吸引各学科精英来日本作短期双边或多边学术交流，以获得关键领域的科技知识和技能。

在印度，早在1958年，为辅助海外印度研究人才与本国研究机构项目对接，科学与工业研究委员会（CSIR）便开始实行科学家储备计划（Scientists' Pool Scheme）：凡是符合条件的海外博士，均可由政府协助安排进入对口研究机构从事研究工作。此后，越来越多的引才政策和机构相继出台、建立。2004年5月海外印度人事务部成立，与海外印度人团体合作建立了若干机构，如海外印度人辅助中心以促进海外投资和商务，保障海外印度人福利和权益。②

印度前总理拉吉夫·甘地曾说，"即使一个科学家、工程师或医生在年过半百时回到印度，我们也没有失去他们"。面对如此大规模的海外印度人回国发展趋势，一位美国官员对印度《金融快报》指出："如今大批印度信息人才回流，可能影响全球科技中心的硅谷乃至整个美国今后的竞争力。"

美国《星岛日报》报道，据美国一项最新调查显示，来自中国的高学历和高科技人才，正在离开美国，返回他们自己的国家，把创业精神和高新技术带到了北京。考夫曼基金会和新美国传媒发布的研究报告指出，美国正在失去越来越多的高科技移民。在为期两年的研究中，他们访问了1203名印度人和中国人。这些纷纷返回自己国家的受访者，曾经在美国学习或工作一年

---

① 王辉耀、杨河清：《中外国家人才发展战略》，中国人事出版社，2015年，第39页。
② 冯凌：《印度的海外人才引进制度初探》，《中国人才发展报告（2014）》，社会科学文献出版社，第185-186页。

以上。①

在世界人才出现全球环流与跨经济体回流的今天，海外人才"不求所有，但求所用"的招贤战略已经被世界上一大部分国家采纳和使用。新兴经济体在以自己极具潜力的发展方式增长的同时，也在通过便捷高效的引才战略引进全球人力资源；与此同时，区域性的国家政策试点也在如火如荼的开展中……

择天下英才而用之

美国密歇根大学生物科研学者陈晓伟，原以为会在密歇根州的美丽小镇上心满意足地终老，但北京大学的慷慨邀请令他盛情难却。北京大学承诺的科研启动资金让他可以研究自己最感兴趣的课题，于是2014年他带着妻儿回到北京。

随着我国"千人计划"的启动，像陈晓伟这样带着理想抱负的海归人才越来越多。美国普渡大学神经学家李沉简回国后任北京大学生命科学学院教授，还开设了一门《批判性思维》课程，并改革大学录取模式，取代分数定终身的高考制度；诺奖得主屠呦呦的"伯乐"、美国西北大学神经生物学家饶毅回国后，先后任职北京大学生命科学学院院长、北京大学理学部主任、西湖高等研究院基础医学研究所所长，并担任《知识分子》主编。

"鱼无定止，渊深则归；鸟无定栖，林茂则赴。"吸引人才、集聚人才，营造良好环境是关键。2008年中央颁布《关于实施海外高层次人才引进计划的意见》，即"千人计划"，国家外专局成为海外高层次人才引进工作协调小组成员单位。2011年7月，"千人计划"中高层次外国专家项目，即外专"千人计划"正式实施。②

---

① 《移民策略损害美国经济，中国高科技移民纷纷海归》，中国网（http://www.china.com.cn/overseas/txt/2009-03/04/content_17371941.htm）。

② 张建国：《在纪念国家外国专家局建局60周年座谈会上的讲话》，《专家工作通讯》2014年第4期。

"千人计划"的申报条件一般为年龄不超过55岁的海外博士，引进后每年在京工作不少于9个月，并具备以下条件之一：

（一）在国外著名高校、科研院所担任相当于教授职务的专家学者；

（二）在国际知名企业和金融机构担任高级职务的专业技术人才和经营管理人才；

（三）拥有自主知识产权或掌握核心技术，具有海外自主创业经验，熟悉相关产业领域和国际规则的创业人才；

（四）国家急需紧缺的其他高层次创新创业人才。

申报"千人计划"的程序十分严格，在用人单位与海外高层次人才达成初步意向后，填写《人才引进申报书》，按程序报"国家重点创新项目平台""重点学科和重点实验室平台""企业和国有商业金融机构平台"以及"以高新技术产业开发区为主的各类园区平台"这4个申报平台的牵头组织单位；再由牵头组织单位组织专家对申报人选进行评审，提出建议报海外高层次人才引进工作专项办公室；最后经过专项办将人选提交"千人计划"顾问组审核后，报海外高层次人才引进工作小组审批。

截至2015年底，"千人计划"已分11批引进5208名海外高层次人才，其中文化艺术人才项目16人、外专项目244人、青年项目1778人、创业项目751人、新疆西藏项目49人、创新短期项目322人、创新长期项目2036人、顶尖人才10个团队12人。

"高端人才有流动性，没有这个永久居留证觉得不踏实，过去每年各种材料都要重新弄一遍，手续非常麻烦，每次都得耗时近两个月。这回终于解决了我的出入境签证问题！"2016年5月，联想（北京）有限公司高级总监陈敏仪，成为首批通过"绿卡直通车"拿到"中国绿卡"的中关村外籍高层次人才。

"我的中文名叫秦晓岚。和很多留学生一样，如果有机会，当然希望留在北京工作。"在中关村外国人服务大厅，来自保加利亚、在北京语言大学攻读明清文学的博士生诺拉·切莱瓦用一口流利的中文讲述自己在北京的故事。"以前在北京找工作大都需要两年的工作经验，这对刚毕业的留学生来说很难，听说如果在中关村的科技企业就业，已经不需要工作经验，对我们来说，这是新的突破。"

2015年，针对外籍高层次人才、创业团队外籍成员和企业选聘的外籍技术人才、外籍华人、外籍青年学生等4类人才，公安部推出"支持北京创新发展的20项出入境政策"措施在中关村率先试点。

"支持北京创新发展的20项出入境政策"对于那些国家紧缺的优秀外籍人才特设了"绿卡直通车"政策：经中关村地区的高等院校、科研单位、高新技术企业等单位推荐的外籍高层次人才，只要符合17项申请条件之一，即可直接申请"中国绿卡"；而对于达不到直接申请标准但又是中关村企业急需引进的紧缺外籍人才，国内首次借鉴、采用西方国家的市场化绿卡积分评估的做法，制定了《中关村外籍人才申请在华永久居留积分评估工作方案》，通过设置"在华永久居留积分评估"来为外籍人才提供申请渠道。人才选拔主要围绕学历、年龄、在华工作年限、工作方式等8项指标进行，并针对外籍人才的实际工作能力和带来的潜在经济、社会效益进行评估。截至2016年底，公安部共批准了1576名紧缺的外籍人才在中国永久居留。

2017年1月人力资源和社会保障部、外交部、教育部又发布了《关于允许优秀外籍高校毕业生在华就业有关事项的通知》。凡是年满18周岁的外籍毕业生，身体健康，无犯罪记录，学习成绩优秀[1]，取得相应的学历与学位，有确定的聘用单位，从事工作岗位与所学专业对口，持有有效护照或能代替护照的其他国际旅行证件等硬性指标。[2] 此举为外籍高校毕业生在华取得就业机会提供了便利。

当今时代下，越来越多的人才开始把视线转移到了新兴经济体全面崛起的契机和潜力上来，开始从新兴国家的市场中寻找发展潜力和机会。与此同时，随着国家"绿卡"政策和"千人计划"的启动，以及业界到西方"人才抄底"行动的开展，全球人才环流与回流大势已经不可逆转。

---

[1] 平均成绩不低于80分(百分制,其他分制换算成百分制处理)或B+/B(等级制)以上,在校期间无不良行为记录。

[2] 参见《中国政府允许优秀外籍高校毕业生在华就业有关事项的通知》。

不可否认，在很长一段时间内，人口大国的优越感使得中国在人才观念方面趋向于保守，在全球人才战争中更像是一个旁观者。然而，随着全球化的加深、知识经济的到来、中国企业"走出去"浪潮的兴起，国家、政府、社会在人才方面的惯性思维、观念正在一点点地被冲击并发生变化，"择天下英才而用之"的大人才观正在逐渐成型。

第二章

站在"人口红利"的拐点上

中国将实行更加开放的人才政策,不唯地域引进人才,不求所有开发人才,不拘一格用好人才。

——习近平 中华人民共和国国家主席

"人才红利"时代开启

联合国对老龄化社会的定义为,一个国家60岁及以上的老年人口占比超过10%,或65岁及以上的老年人口占比高于7%。按照这个标准,中国于1999年进入了老龄化社会,是较早进入老龄社会的发展中国家之一,是世界上老年人口最多的国家,占全球老年人口总量的五分之一。① 截至2011年底,中国已进入老龄化社会——60岁及以上老年人口已达1.85亿,占总人口比例的13.7%。② 2012年,中国劳动力人口规模开始全面萎缩。中国劳动力供应不足的问题已在一些地区和行业开始显现。根据第六次人口普查数据,到2020年前,中国老龄人口将再增加60%,而劳动人口则将减少35%。从2016年算起的十年后,2026年,中国15—34岁的年轻劳动力人口将从4.2亿下降至3.2亿左右。③

全球化的大背景下,人才流动越来越全球化。如何获得经济发展所需要

---

① 《中国人口老龄化发展趋势预测研究报告(全文)》,中国网,2006年2月24日,(http://www.china.com.cn/chinese/news/1134589.htm)。

② 《全国60岁以上老年人口达到1.85亿#占总人口13.7%》,新华网,2012年3月1日,(http://news.xinhuanet.com/society/2012-03/01/c_111591253.htm)。

③ 孟立联:《中国绿卡:有等于没有的时代要结束了?》,共识网,2015年4月22日,(http://www.21ccom.net/plus/view.php?aid=123904)。

的足够的劳动力和人才储备，将成为中国社会严峻的问题。2012年以来，中国经济走到"人口红利"的拐点，即使劳动人口的绝对数量不出现下降，目前的人口素质和人才结构也难以支撑起知识经济对人才的要求。由此"人才红利"成为知识经济条件下，中国经济的未来出路。

"人口红利"面临拐点

1998年，美国经济学家布鲁姆（David E. Bloom）和威廉姆森（Jeffrey G. Williamson）在一篇研究"东亚奇迹"的文章中提出，如果该国大量人口处于工作年龄，并且政策措施能够充分利用劳动年龄人口，就能够促进经济增长。他们把这种有利于经济增长的人口年龄结构称为"人口红利"，认为"东亚奇迹"约1/3是由"人口红利"所贡献的。①

2015年，媒体报道某私募基金在国内调查发现，中国的工厂特别是电子制造业的工厂对于机器人的庞大需求和已经开始的应用让人吃惊。一开始是一些污染大、工序特别单调的工种招不到人，被迫用机器人替换，比如喷漆等。更令人意想不到的是，2013年中国的工业机器人年装机量超过日本，达到3.2万台，约占世界总量的20%，中国已然成为全球最大的机器人市场。

可见劳动力数量下降是"人口红利"的终结带来的最直观的社会现象。根据2010年第六次人口普查的数据，中国目前的人口年龄构成已经变成纺缍型，从20岁到50多岁的人口占比最大。这已经是一个"成熟型"的人口年龄结构，而不再是劳动力人口充足的"年轻型"人口状态。而且，15—59岁的劳动人口从2010年以后开始绝对地下降，中国的劳动力供给出现了负增长，人口抚养比开始提高。这意味着人口红利已经消失。巨大的老龄人口数量和比重将成为中国社会最大的问题来源和风险所在，对中国的经济持续增长也构成了巨大的挑战。

---

① 赵坚：《中国经济增速下降的原因与应对选择》，《北京交通大学学报》2016年4月。

另外，我们不妨从乐观角度思考。劳动力"量"上的急速下降也预示着"质"的提高将成为新的发展机遇，且时不我待。中国社会科学院人口研究所研究员蔡昉认为，中国面对人口红利趋于消失，应科学地提高潜在增长率。[①] 中国社会告别"人口红利"期意味着以大基数劳动人口为基础的廉价劳动力优势被削弱，拐点的来临势必带来中国人口发展结构的重新调整。

据世界银行《2007年世界发展报告》统计，中国的青年人口在1978年前后达到顶峰，同时整个社会的赡养率下降，赡养率下降的窗口取决于生育率下降的速度，可以保持约40年，然后会重新关闭。[②] 随着20世纪70年代计划生育的启动及长期施行，我国生育率迅速下降，三十多年后，"人口红利"的拐点来临。

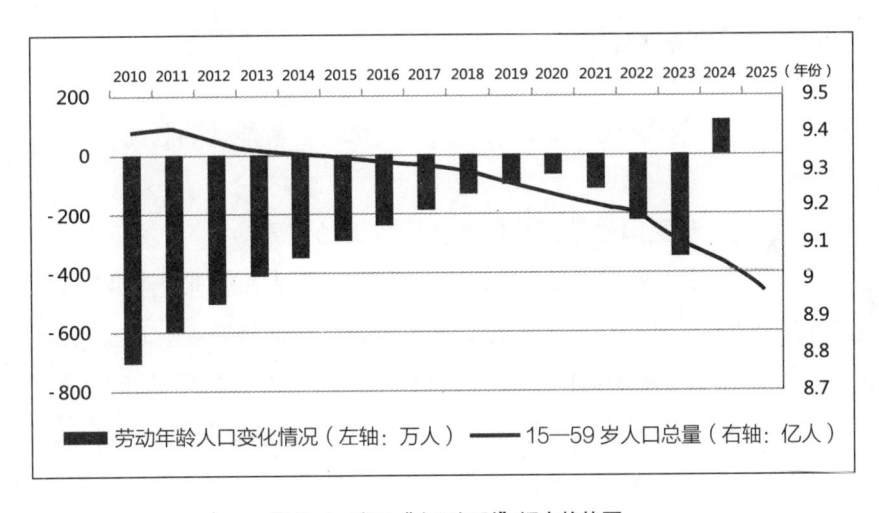

图 2-1 我国"人口红利"拐点趋势图

数据来源：根据中国人口与发展研究中心相关数据整理而成。[③]

---

① 蔡昉：《人口红利拐点已现》，《红旗文稿》2013年第4期。
② 世界银行，http://www.shihang.org/。
③ 中国人口与发展研究中心，http://www.cpdrc.org.cn/。

图 2-1 显示，2012 年，处于劳动年龄的中国人口绝对数量首次出现下降。国家统计局数据显示，2012 年中国 15 岁以上不满 60 周岁的劳动年龄人口比重首次下降，同时劳动年龄人口的绝对数减少了 345 万人。[①] 中国发展研究基金会报告预计，从 2010 年至 2020 年劳动年龄人口将减少 2900 多万人，同期人口老龄化逐步加剧，全国 65 周岁及以上人口数量持续增长，占总人口的比重持续提高。

"生之者寡，食之者众"，人口红利不可持续，中国社会亟须挖掘劳动力资源的新优势，通过提升劳动力素质提高劳动生产率，将人口红利由"数量型"转变成"质量型"，从而迈入寻求"人才红利"的新阶段。

"人才红利"如何释放

一个社会的最终发展，依靠的是人；一个社会所能达到的高度，最终取决于人的高度。

"人口红利"是我国改革开放取得巨大成绩的主要动力，过去三十多年的增长主要依赖于国内人口流动，享受国内"移民"人口带来的福利。但随着我国人口结构的变化，"人口红利"正在消失，而经济转型、产业升级、改革的进一步深化则呼唤中国向"人口红利"2.0——"人才红利"时代转型。

过去三十多年里，我们见证了农村劳动人口向城镇的流动，87% 的国内流动人口是农业转移人口，他们在中国城镇发展和经济竞争中扮演着关键角色，仅 2000—2010 年，就有 1.17 亿农村人口迁移到城市以寻找更好的就业机会。作为中国经济增长的引擎，沿海地区接收了超过一半的流动人口，接收国内流动人口最多且流动人口增速最快的为北京、东莞、广州和上海等城市，2010 年这些城市共接收了超过 5200 万人，占国内流动人口总量的 35%。[②]

---

① 国家统计局，http://www.stats.gov.cn/。

② International Organization for Migration (IOM)：《世界移民报告 2015》，全球化智库（CCG）译，International Organization for Migration (IOM)，第 43 页。

乐观的是，大专及以上文化程度的流动人口比例在上升，这意味着我国流动人才的整体水平有所上升。麦可思研究院"2015届大学毕业生毕业半年后去向分布"调查显示，应届生是我国人才来源的主力之一，毕业半年后受雇全职或半职工作的人占78.9%，自主创业人群占3%，继续升学人数占10.1%，失业人数占7.5%；2015年高职高专院校毕业生受雇全职工作的为82.5%。① 此外，特别是在新千禧年以来，我国研究生人力资源层次稳步扩展。② 中国教育在线统计数据显示，虽在2008年经济危机和2014年"考研热"降温影响下稍有回落，研究生招生考试报名人数逐年递增10万~15万人。③

虽然人力资源受教育水平的显著提高为中国的产业转型提供了一定人才基础，但仍无法满足我国发展的需求。仅仅依靠国内城镇化人口流动是不够的，要立足于提高我国人才素质，还要积极争取国际间人才流动，这才是长远之计。

2015年冬季达沃斯论坛上，经济学家林毅夫提到对现阶段中国经济的担忧，认为从整个发展态势来讲，中国当前跟20世纪60年代的日本、80年代的"亚洲四小龙"比较接近。④ 日本经济在1960年前后到达"人口红利"的拐点，表面上一派繁荣景象，但劳动力短缺和工资上涨成为常态，依靠廉价劳动力的跨地区、跨部门流动来获得资源重新配置效率的发展模式逐渐失效，转而依赖劳动生产率的提高。⑤ 当时日本采取以投资为导向拉动国内重化工业比重，使整体"资本—劳动"比率大幅度提高。同期，由于新兴技术创新未能引领经济发展取得突破，日本经济资本报酬递减，由此生产率停滞不前，经济增长滞缓，1990年以后进入"失去的二十年"。

面对中国当前"人口红利"消失的节点，日本经济转型失败又带给我们怎样的思考？中国的产业升级需要将制造业生产环节向更多的研究开发、创

---

① 麦可思研究院：《就业蓝皮书：中国本科生就业报告2016》，社会科学文献出版社2016年版，第46页。
② 徐兴安、陈力：《中国人力资源发展报告2015》，社会科学文献出版社2015年版，第54页。
③ 参见中国教育在线《2015年全国研究室招生数据调查报告》。
④ 林毅夫：《国内工资不断上涨 中国面临日本60年代情形》，2015年1月22日，（http://www.ce.cn/macro/more/201501/22/t20150122_4401226.shtml）。
⑤ 蔡昉：《从人口红利到改革红利》，社会科学文献出版社2014年版，第217页。

意和营销环节转变；但另一方面，这对我们提出更多的要求：生产性服务业比重大幅度提高，更多的信息、技术、品牌、管理等知识密集型的劳动力要素成为所需。由此，人力资本的模式转变便成为当前中国面临"人口红利"拐点所面对的关键性问题。

人力资源危机初探

在国际、国内的大环境下，人才流动的趋势已不可逆。2017年1月，《国务院关于印发"十三五"促进就业规划的通知》指出："在'十三五'时期，做好促进就业工作机遇和挑战并存。一方面，新一轮科技革命和产业变革正在兴起，我国发展仍处于可以大有作为的重要战略机遇期，大众创业、万众创新催生更多新的就业增长点；另一方面，国际经济形势复杂多变，长期积累的深层次矛盾逐步显现，经济发展新常态和供给侧结构性改革对促进就业提出了新的要求，劳动者素质结构与经济社会发展需求不相适应、结构性就业矛盾突出等问题凸显。"[①]

站在中国"人口红利"的拐点上，劳动力数量下降的同时，我国人力资源市场又面临新的瓶颈：公务员队伍的人才结构调整、企业国际化人才缺乏、本土化猎头能力不足……

公务员队伍人才流失

我们时有耳闻这样的故事：

某市发改局的公务员L小姐辞职了。其实，凭着出色的工作成绩，加上冶金专业博士学位，L小姐很快就会得到提拔，但她还是选择离开。她的考量是："冶金专业都读到博士了，很怀念这个专业，当公务员这三年来思来

---

① 《国务院关于印发"十三五"促进就业规划的通知》（国发〔2017〕10号）。

想去，还是想干点与冶金相关的实业。"

领英的数据调研显示，近十年来我国公务员就业转型的整体趋势持续上升。除了2008—2009年金融危机致使经济下行让公务员的跳槽意愿下降外，2010—2014年公务员跳槽开始进入平稳上升期。智联招聘统计显示，2015年春季，政府/公共事业/非营利机构的从业人员跨行业跳槽人数比去年同期上涨34%。同时，初级公务员更有跳槽动力，以在更广阔的职场空间实现个人价值：有跳槽意愿的科员比例高达53%，科级正职、科级副职分别以18%、13%紧随其后。公务员跳槽流向中，金融、法律/会计、咨询、政府/社会组织、互联网、房地产/建筑成为最热门的目标行业，他们进入企业首选职位是行政类工作；其次是合规/法务、质量管理等职位。[①]

面对公务员跳槽频发的职场现象和就业转型持续攀升的整体趋势，"如何留住青年人才""如何培养青年人才"已成为党政机关和事业单位所面临的重要课题。

企业国际化人才遇瓶颈

联想收购IBM时，使用了一支20人的高管团队，由于英语能力不佳，与美国团队谈判中常产生误解。中美两个团队当时只能通过同传耳机交流，中国高管在会上常常不说话，而美国高管则是一直在说话。

对此，联想集团高级副总裁乔健曾调侃道："美国人会觉得中国人一定有什么事情是'under the table'（暗地操作），中国人会觉得美国人非常爱说，但说话一点观点都没有就是为了说话而说话。"现在，联想在印度和俄罗斯都起用了当地的团队，文化融入也较好，乔健感觉到"在印度出差的时候，发现虽然团队不同，但是他们说出来的话翻译过来和国内的团队说出来的是一样的"。

---

① 参见领英（LinkedIn）《2016中国人才趋势报告》。

2015年，中国企业全球化发展迈上新的台阶，对外投资存量首次突破万亿美元大关。根据CCG《中国企业全球化报告（2016）》调查统计，2000—2016年上半年中国企业对外投资的近3000起案例中，跨国并购案例数占据88%。而其中，海外并购成功的关键在于人才。56%的企业认为"国际经营人才缺乏"是限制其海外经营和发展的最主要原因。[①]

然而，现阶段我国企业人才国际化程度低的问题十分严峻，员工国际化程度远不及国际平均值，根据《2015年中国500强企业发展报告》和联合国贸易和发展会议（UNCTAD）发布的《2015年世界投资报告》，全球十大跨国公司国际化员工平均比例为93.2%，而我国十大跨国公司国际化员工平均比例仅为33.89%——相差了近3倍！

此外，麦肯锡《应对中国隐现的人才短缺》报告认为，满足跨国公司所需技能要求的综合型管理人才严重不足，预计到2020年，中国将需要7.5万名具备国际经验的经理人，而目前仅有5000名此类人才；[②] 同时，2010年的一份调查显示，64.5%的企业经营者认为"缺乏合格的国际化人才"是企业国际化进程中的最大困难。[③] 特别是国际化人才匮乏会阻碍我们民营企业转型升级。2010年前后我们民企初步度过资金积累的初级阶段，亟待从低端制造业向上升级并开拓国际化的发展布局，由此"如何培养和吸引国际化人才"成为摆在面前的一大命题。

CCG主席龙永图在"中国企业全球化论坛"上发表观点认为，"国际化人才短缺是中国企业全球化的一个重要挑战，国际化人才必须有开阔的国际视野和博大的胸怀"。在经济全球化的今天，国际商业市场变得越来越具有全球联动效应，国际人才不仅是企业内部不可缺少的重要因素，也是决定企业是否能够成功"走出去"并在异域环境扎根生长的必备要素。

---

① 王辉耀、苗绿：《中国企业全球化报告》，社会科学文献出版社2016年版，第29页。
② 麦肯锡：《应对中国隐现的人才短缺》，《商学院》2005年第11期，第7页。
③ 参见中国企业家调查《中国企业战略：现状、问题及建议——2010年中国企业经营者成长与发展专题报告》。

本土化猎头发力有限

我国的发展需要优秀人才、国际化人才,可他们从哪里来?一靠内部培养;二要在国际范围内"狩猎"。由此,猎头需求提上日程。人才的寻觅的确需要猎人般敏锐的眼光,因此一个高素质的"猎人团队"极其重要。

"猎头"行业在西方由来已久,第二次世界大战后,伴随全球化高级人才争夺和高级人力资源服务需求量猛增,猎头公司开始迅猛发展、经营规模不断扩大。相应的,"猎头"职业发展也更加专业,市场更加完善。

裔锦声女士①现任全美人力资源协会副会长,她是一位资深国际猎头,取得美国华盛顿大学博士学位后,曾担任S&C金融高端人才咨询和培训公司副总裁,活跃于全球五大金融市场,为高盛(Goldman Sachs)、瑞银(UBS)、德意志银行(Deutch Bank)、花旗银行(Citibank)等进行精英团队的搜寻、甄别和搭配。

由此可见,西方发达国家对"猎头"有着较高的职业素质要求,主要体现在学历水平和工作经验上。学历一般面向硕士、博士等高精尖类人才;工作经验方面,则要求企业高管职位。然而,根据中国人才交流协会高级人才寻访专业委员会2013年度的调研报告,本土猎头教育经历上看,硕士以上学历仅占比7.02%,本科学历占比65.11%,还有接近30%的为专科及以下学历;从业经验上,3年以下工作经验的占比达到57.19%,拥有9年以上工作经验的占比不足10%。

早在1993年、1994年,国外一些著名人力资源服务公司已设法进入中国。如雷文管理顾问香港公司、雷伯逊咨询顾问公司、史宾沙管理顾问公司、孔发利咨询顾问公司等相继在北京、上海、深圳设立代表处、办事处,涉足人才中介服务市场。

2001年,我国加入世界贸易组织之后人才市场逐步向外资开放。特别是

---

① 现任全球化智库(CCG)副主任、研究员、CG集团(CG Group, Inc. New York/New Jersey)合伙人、全美人力资源协会副会长。

人事部出台的《人才市场管理规定》有原则地允许外资进入中国人才服务业，使"洋猎头"们有了更正规的身份认可，以光辉国际为代表的外国猎头公司开始进入中国市场。

国外的猎头行业已形成规范化运作的规则。相比之下，我国本土猎头公司起步较晚，市场准入门槛不高，能力显然不足，三五个人、几张桌子、几部电话、几台电脑，就可以开门做起生意。由于低成本的管理运作和单薄的市场经验，"价格战"成为本土中小猎头企业在这场争夺战中取胜的惯用手法。

不可置否，近年来中国市场上的确涌现出一批国内的猎头佼佼者，如科锐、泰来等猎头行业的元老。它们在业内享有一定的知名度，以中端猎头业务为主，兼做高端业务。但与西方同行相比，我国本土猎头产业还远未成熟，在这场全球"人才争夺战"中想真正和西方猎头同台竞技，还有很长的路要走。

新一轮技术革命

"唯一可以确定的是，明天会使我们所有人大吃一惊（The sole certainty is that tomorrow will surprise us all）。"这是著名未来学家阿尔文·托夫勒（Alvin Toffler）的一句名言。

早在1980年，托夫勒便在《第三次浪潮》（The Third Wave）一书中将大数据预测为"第三次浪潮的华彩乐章"。随着以"互联网""大数据""移动设备"等科技的发展，新一轮技术革命不断打破产业之间的界限，催生了以大数据分析、自动机器人、模拟技术、水平和垂直系统整合、工业物联网、网络安全、云计算、增材制造和现实增强技术9项数字化工业技术为基础的"工业4.0"时代。传感器、机器和IT系统将跨越单一企业在整条价值链上融合到一起；高度灵活的个性化和数字化的产品与服务的生产模式，将彻底改变创造新价值的过程，产业链分工将被重组，传统的行业界限将被整合、重组抑或消失……由此，在新一轮技术变革下，如何挖掘、善用人才红利？成为我们面临的关键课题。

从"工业4.0"到"中国制造2025"

2017年1月17日,"达沃斯论坛"在瑞士如期举行。就在会议举办的第一天,美国原总统奥巴马的新闻发言人及特别助理Jamie Elizabeth Smith宣布全球区块链理事会(GBBC)正式成立。

区块链技术以开放、共享、平等的理念成为目前最具长期潜力的颠覆性技术之一,在金融、能源、工业制造、政府治理等各个领域带来巨大突破,为形成新的全球治理框架,促进普惠公平的国际秩序的建立提供了技术支持,是达沃斯会议的重要议题之一。

"欢迎来到世界上最伟大的银行!"这是美国安快银行每位工作人员接听电话时所说的第一句话。与传统银行不同,取代银行金融业务介绍员的是由2台电脑、4块高清显示屏和8个3D打印的按键组成的电子信息墙,显示银行的各类金融、信贷产品介绍。如果客户预计55岁退休,电子墙可以根据其现在的收支情况,分析预测合理的银行产品理财模式,提供各种银行产品的模拟和预测。

安快银行的数字银行发展模式大大节省了传统人力资源的使用,转而偏向掌握数字化、信息化的高技术人才。安快银行的营销模式,正体现了线下零售的服务人员的岗位升级与转型——问询导购类人力资源正在被触屏、移动APP,或是被机器人所替代。

"机器人将是工业4.0的主角"。库卡(Kuka)机器人区域销售总监辛志如是说。世界经济论坛(World Economic Forum)报告预测,2020年后,机器人将取代超过500万份工作,特别是白领阶层的的行政、办公室业务等。[①] 目前,库卡(Kuka)机器人之间已经具备了相互沟通、合作的能力,并可以根据生产线工序快速自动编程,调整自己的行动,实现人机协作的工作模式。

得益于便捷、迅速的新技术发展,数字科技成为大部分岗位的必备因素。

---

① 世界经济论坛(World Economic Forum),https://www.weforum.org。

波士顿咨询公司《数字经济下的就业与人才研究报告》统计显示，在未来，中国将有 55%～77% 的岗位因技能含量低而被技术取代。[①] 由此，拥有不易被数字技术所取代技能的人群将享有更广泛的职业发展空间；新技术带来的新的就业壁垒，也将成为职场新环境中优胜劣汰的筛选工具。

经历了第一次、第二次和第三次工业革命后，面临当今世界"工业 4.0"的变革，各个国家又被拉回到同一起跑线上，争相占夺新技术革命的制高点。

2013 年，德国将"工业 4.0"项目纳入了《高技术战略 2020》的十大未来项目中，预计以 2 亿欧元投资，推动以信息物理系统为基础，以生产高度数字化、网络化、机器自组织为标志的工业革命。

2012 年，美国发布《先进制造业国家战略计划》，两年后提出了"工业互联网"政策，投资发展新一代机器人、物联网和大数据分析技术，通过智能互联的设备来动态提升企业绩效、降低运营成本并提升可靠性，以推动工业转型。

英国"英国工业 2050 战略"提出了未来英国制造业发展建设的 4 个趋势：产品定制化趋势加强；把握新的市场机遇；可持续发展的制造业；加大力度培养高素质劳动力。

2013 年，法国推出了"新工业法国战略"，围绕能源、数字革命和经济生活三大问题及 34 项具体计划，包括"可再生能源、环保汽车、充电桩、蓄电池、无人驾驶汽车、新一代飞机"等。2015 年，"新工业法国Ⅱ"战略升级，标志着法国全面"再工业化"的开始。

……

2015 年 5 月，面对世界"工业 4.0"浪潮，迎接新的工业革命，中国推出"中国制造 2025"战略规划，加快新一代信息技术与制造业的融合，实现从"中国制造"到"中国创造"的转变。在新科技革命的大潮下，中国具备其独特的发展机遇与潜力。

---

① 波士顿咨询公司，http://www.bcg.com.cn/cn/default.html。

中国物联网发展潜力巨大，中国产业结构和整合在过去 35 年中，从化石能源、核能源，逐渐分阶段形成了一个分散型的物联网，这一过程中强大的基础设施建设提供了巨大的支持，同时，基础设置的安装、调试和维护也将创造出几百万，乃至上千万的工作机会和就业平台。

自 2015 年开始，我国大数据产业进入爆发增长的元年。2016 年，国务院印发《促进大数据发展行动纲要》系统部署大数据发展工作，《大数据产业"十三五"发展规划》正式颁布，贵州省成为首批国家级大数据试验区。

另外，我国人工智能领域发展迅速，人工智能产业不断与外国先进技术靠拢，2016 年 8 月，美的集团要约收购的库卡集团 3223.35 万股，占库卡集团已发行股本的比例约为 81.04%，加上要约收购前公司已持有库卡集团 13.51% 股权，美的最终持有库卡集团已发行股本比例为 94.55%。

2017 年 1 月，在未来论坛 2017 年会暨首届未来科学大奖颁奖典礼上，人工智能领域科学家李飞飞女士发表了题为《视觉智能探索》（The Quest for Visual Intelligent）的演讲。她提道："当拥有多种多样背景的人共同合作时，会产生更好的结果，会找到更具有创意的解决方案；当各种各样背景的人聚集到一起时，他们有着各种各样不同的价值观，代表着人类的技术也会有更加多样性的思考。"

科技发展正以前所未有的速度进行着，新一轮的技术革命也正在声势浩大地更新升级我们的认知，也正是在这一过程中，不同领域、不同地域之间的人才的结合与碰撞成为新科技革命的主要动力和产能之一。

"创新创业"新驱动

"前十年在赶集，新启程在瓜子"，耶鲁大学计算机科学硕士杨浩涌 2004 年回国抢占互联网创业先机。作为一位连续创业者，他创办的赶集网是中基层人才在线招聘的首选平台。2015 年 11 月，他投身从集团分拆出去的独立公司"瓜子二手车"，目前业务已覆盖全国 50 座主要城市，交易额超过 4 亿元，月活跃用户超过 4000 万。现在，杨浩涌继续用自己的方式书写着创业人生。

"专注，才能实现卓越。"张涛，美国宾夕法尼亚大学沃顿商学院MBA、宾夕法尼亚大学工程学硕士，抱着对寻找美食的爱好，创立大众点评网，截至2015年7月，业务已覆盖全球200多个国家和地区的800座城市，收录近250万家海外商户，超越全球知名旅行社区猫途鹰（Trip Advisor），成为全球最大的本地生活服务平台。

党的十八大以来，以习近平为总书记的党中央作出了实施创新驱动发展战略的重大部署。随着"中国制造2025""互联网+"等国家战略的实施，中国政府正将"大众创业、万众创新"打造成经济发展的新引擎，努力吸引更多海归和留学生在华创业。设立国家新兴产业创业投资引导基金、中小企业发展基金，扩大国家自主创新示范区，新的创新创业热潮正在形成。①

《麻省理工学院技术评论》记者特德·格林沃尔德写道，"全球有许多城市都试图复制硅谷，吸引众多科技创业和价值数十亿美元的高科技公司。但是，只有一个已经成为有力的竞争者：北京（中关村）。"

2011年，随着《关于中关村国家自主创新示范区建设人才特区的若干意见》的出台，中关村以"人才引领、创新驱动"，全力落实人才特区政策，打造"人才智力高度密集、体制机制真正创新、科技创新高度活跃、新兴产业高速发展"的国家级人才管理改革试验区。

2015年3月，随着《中关村国际人才创新创业生态系统建设工程》的印发，中关村以"建设具有全球影响力的科技创新中心"为目标，计划在3—5年内，建成国际人才创新生态系统，成长为国际化人才发展"软口岸"和全球最具吸引力的创新创业中心之一。②

中关村创业大街仅约200米，但初创企业达300多家，分布着各种投资者办公室、咖啡馆和"孵化器"——专门提供互联网、电源和桌椅的工作空间。2015年8月18日，"五位一体"孵化空间——Accelerator加速器在中关村发布，作为世界上最成功的投资和孵化模式，Uber、Dropbox、Airbnb等巨头企

---

① 《2016年中央政府工作报告》，中国政府网，（http://www.gov.cn/zhuanti/2016lh/zfgongzuobaogao/index.htm）。
② 北京市人才工作领导小组办公室：《中关村国际人才创新创业生态系统工程》，2015年3月。

业均得益于此。Accelerator 加速器不但能与国际顶级加速器"空间＋生态＋系统＋基金＋后台"五位一体模式进行接轨，而且能立足中国国情和创业者切实需求。

创新创业已然成为我国经济增长的新的潜力点，创业家形成了一个新的职业人群体。这预示着中国经济正向知识经济和高附加值产业转型，契合中国社会"人口红利"拐点期人力资源市场发展的新增势。

当前，海归人才正成为新时代下经济发展的重要推动力量，在中国人才队伍建设中占据着日益重要的地位，扮演着日益重要的角色。

香港科技大学崔大伟教授做过关于"中国海归回国创业和本地企业家比较"的研究，19%的海归在海外拥有公司；25%的海归在海外拥有合伙公司；67%的海归在海外拥有关系网。在供应以及销售网络中，平均每位海归联络1.85个海外公司，而本土企业家平均只有0.82个。在资金、技术、人才、市场等方面，海归掌握着丰富的国际人脉资源，对国际经济的产业升级呈现优势互补效益。CCG的调查显示，能够结合东西方双文化背景优势的海归占85.7%；可有效地从海外获取信息的海归占84.7%；在技术突破性创新方面具备优势的海归占83.7%。同时，海归在企业整体管理和研发方面也发挥着不可或缺的作用。[①]

不同年代背景之下的海归人才，肩负着不同时代所赋予的历史使命。随着中国留学潮规模的扩大，海归人才数量近年呈指数上涨。根据《中国留学发展报告（2016）》的统计，1978—2015年间，我国累计出国留学人数为404.21万人，累积回国人数达277.78万人。2015年我国出国留学人员总数已达52.37万人，同比增长13.9%。[②] 新时代的海归主要集中在一线城市和二线省会城市以及新兴城市，其中越来越多的人投身"创新创业"大潮。

在"双创"战略中，习近平总书记指出，实施创新驱动发展战略，根本

[①] 王辉耀、路江涌、林道谧，《海归创业、"类海外"创业环境与海归再本土化研究》，《国际人才战略文集》，党建读物出版社，2015年，第102页。

[②] 王辉耀、苗绿：《中国留学发展报告（2016）》，中国社会科学出版社2016年版，第11—12页。

在于增强自主创新能力。人才是创新的根基，创新驱动实质上是人才驱动，谁拥有一流的创新人才，谁就拥有了科技创新的优势和主导权。结合新时代的环境背景，不可置否的是，海归群体成为"创新创业"大环境下的弄潮儿和"双创"大环境的主要推动主体之一。

"斜杠青年"跨界而生

新一轮技术革命的背景下，虚拟世界几乎能将世界上的各个角落都链接在一起，这使得人与人之间的交流克服了时空的障碍。在大量低技术行业被逐渐取代的同时，大量传统产业与数字化的跨界岗位应运而生，从而催生新的商业模式和就业领域。一些如制造、金融、贸易等传统行业，开始衍生出了若干相关的职位，人才跨越行业界限流动的趋势十分突出。

I'm a "Slash"！

"斜杠青年"这个概念出自2007年《纽约时报》专栏作家 Marci Alboherde《One Person / multiple careers》一书。她在书中描写到如今越来越多的年轻人开始跨界选择多重职业和多重身份的多元生活，于是在简介中，将自己的标签用"斜杠"表达出来（如，莱尼·普拉特（Lenny Platt）律师/演员/制片人）。于是，"/"斜杠——"Slash"便成为了他们的代名词。

以我国为例，在人才市场上许多专业界限被打破，对多技能人才的需求较突出。当我们浏览国内招聘网站时，我们会发现不少传统行业在招聘跨界人才，它们成为新时代的人力资源"潮宠"。例如，食品企业招聘互联网推广中心主管，要求有丰富的网络策划推广经验；建筑公司招聘高级微信方案策划，需要应聘者有微信编辑技能，能策划原创内容；商业咨询公司招聘策划经理，要求应聘者有跨界整合经验，熟悉用户线上消费特点，熟悉互联网营销；更有一些特定岗位，则为"跨界"量身定做，如跨界销售、跨界设计、跨界金融客户经理、跨界项目策划等。

互联网+产品带来电商客服和电商推广、大数据+产业出现的线上产业数据分析、互联网+媒体带来的新媒体运营以及网络营销等……高科技行业再次迎来较多发展机会，其巨大的吸金能量和对人才的巨大需求，导致人才竞争日趋激烈，员工薪酬也是水涨船高。

2011年，全球人力资源服务机构Kelly Services与智联招聘联合发布的《Kelly Services全球雇员指数调研》显示，中国职场人士考虑"动"一下已不再是简单地换个工作，而是转投其他行业或领域，寻求全新的发展机会。职场社交平台领英发布的《2016中国人才趋势报告》则显示，超过95%的职场人士会对新的工作机会感兴趣。①

作为智联招聘的首席执行官，郭盛对中国职场发展趋势有着清晰的认识，他坦言，我国一大部分白领的职业生涯都存在"跨界"。程序员能够胜任产品经理，文字编辑也可以摇身一变成为市场公关。同一职位也能够实现在其他行业里跨界。"中国的人才流动性非常大，人才的流动是跨行业的流动，由人才的职业技能决定，而不是由行业决定。"②

2016年10月，领英(Linkedin)发布了中国"最跨界互联网公司"榜单。榜单指出目前中国互联网行业拥有大量的职位缺口，特别是对跨界人才需求达到了前所未有的高度。娱乐、媒体、游戏类互联网企业成为名副其实的最跨界领域。

2016年1月瑞士联合银行集团发布了《极度自动化和连通性：第四次工业革命对全球、地区和投资领域的影响》白皮书，白皮书指出："极度的自动化和连通性正在推动第四次工业革命，这有可能极大地改变经济发展的道路和财富的分配经济，灵活性将是2016年及未来取得成功的关键。"跨界与灵活将是未来商业世界的主题。③

新一轮技术革命对传统行业产生了颠覆式的影响，为消费者带来了冲击式的用户体验。同时，新一轮技术革命为中国社会带来新的发展契机和动力——人才跨越国界和行业边界而流动已成为趋势，新的技术变革也创造出

---

① 参见领英（Linkedin）《2016中国人才趋势报告》。
② 《专访智联招聘CEO郭盛：人才跨界是大势所趋》，(http://tech.qq.com/a/20150129/055047.htm)。
③ 瑞士联合银行，https://www.ubs.com/cn/en.html。

许多前所未有的工作岗位，给人们提供了踏入崭新领域发挥才干的机遇。

与此同时，党政机关和企事业单位以及个人也面临着严峻的挑战，管理者要审慎思考如何发现人才、培养人才、留住人才；人才则要思考如何成长为时代所需的人才。基于当下的"人口红利"转折点上，寻才与成才是企业和人才的相互试探和磨合，我们对于人才发展结构的调整和新技术资源的整合，也开始有更多的期待。

中篇

人才培养之道

第三章

人才发掘与选拔方略

我们不要将精英理解为仅仅是金字塔塔尖的一部分，而是存在于每个阶层、每个类别，有工作的地方，就有精英。

——任正非　华为公司首席执行官

人才发掘：列清单、四基准

作为一家有着60多年历史的人力咨询服务公司，海德思哲认为准确把握客户需求是成功找到合适人选的前提。当前，很多中国企业都在迈向国际市场，或是在海外并购、建立工厂，或设立分销中心、研发中心等，都急需能够驾驭国际业务的人才。但是，当它们委托海德思哲寻聘人才时，咨询顾问往往发现对方对要找的人才定位十分模糊，缺乏清晰的目标方案，必须先和企业代表深入沟通，了解企业的文化、战略、组织架构等，协助企业做好人才战略，弄清该职位在公司组织架构图中的位置、职能，向谁汇报，上司的性格、背景以及胜任的必要因素等，然后做出一份书面的职位详细说明，作为人才搜寻过程的指南，而不是一开始就漫无目的地四处挖人。

其实很多单位都存在这种现象：一是内部拥有许多人才却不自知，反大叹求才困难；二是不甚清楚内部需要何种人才，却盲目搜寻人才。归根结底，这是内部管理工作没做到位，尤其是人才战略的制定与微观执行。海德思哲的经验告诉我们：发现人才不能盲目地广撒网，而要与大到企业文化、发展战略、组织构架，小到岗位职能、上司性格的大小细节相契合。

微软、谷歌、三星、百度拥有不一样的人才素质清单，差别的起始处就是4家公司的企业文化不同、行业不同、发展历史也不同。微软青睐具备热心、慧心、苦心的"三心"人才；谷歌更看重人才很扎实的基础和极强的动手能力；

三星在选拔人才时坚持"能力主义""适才适用""赏罚分明"等原则;百度企业文化较为自由、宽松,崇尚激情、创造力、自由发挥和高效率,在选拔人才时也更注重人才自发的冲动和创业激情。

表 3-1 著名企业人才素质清单

企业名称	所需人才素质清单
埃森哲	优秀人才首先具备良好的沟通能力,沟通的目的是让领导、同事和客户知道你的能力。其次是积极的进取心,以不断学习提升自我。有渴望进步的愿望,才会不断进取创造更多的价值。强烈的责任感是第三大关键因素。员工对工作、人生和社会负责是取得卓越成就的不可或缺的基础
四季酒店	四季酒店用人理念中对人才最大的要求就是"灵活",具体体现在对客户上,适应力、变通能力与抗压能力都要强。当然在这些能力之前,最为关键和基础的就是道德品质
索尼公司	需要国际化人才。因为要在海外工作,索尼公司对人才的外语能力、人际沟通能力以及对日本文化、索尼企业文化的适应能力都是重点考核内容
锦江汤臣	优秀人才必须具备专业的职业精神和职业态度,以及团队合作精神。酒店内所有的事务都是一环紧扣一环的,任何一个部门和其他部门打交道,应当把其他部门当作客人一样对待,设身处地为对方着想,部门之间的合作和支持自然更加紧密无间
米其林(中国)投资有限公司	米其林的人才能力模型共有9个方面: (1)基于个人的能力:主动性、适应性和创新性; (2)基于团队的能力:沟通能力、团队合作能力和个人学习能力; (3)基于与公司关系的能力:客户服务能力、运作功效即工作效率,以及对公司策略的承诺
通用电气(GE)	每年 GE 都会从大学应届毕业生中招聘一定比例的新员工:一是看学生是否喜欢、是否认同 GE 的价值观,即"坚持诚信、注重业绩、渴望变革";二是看学生是否有比较好的学习成绩;三是看学生的社会实践经验是否丰富。GE 要招聘的员工并不只是一个简单的"学习机器",在校期间实习、兼职、家教的经验都是积累社会经验的好机会

资料来源:根据公开收集整理。

企业往往根据其专业定位、经营理念、公司文化和特点，制定所需的人才素质清单。那么在这些风格迥异的清单中，是否有一些共性价值是企业都需要的呢？又有哪些"特殊素质"是锻造企业人才必不可少的呢？

人才素质清单

首先知道自己需要什么人才，才有可能找到合适的人才。

从国家层面讲，人才是创新发展最强劲的发动机，当前面临着人才结构不合理、高端人才匮乏、海外流失严重等问题，唯有大力推进人才强国战略，才能打赢全球智力战争。鉴于此，中央层面推出"千人计划"（中组部，2008年）、"赤子计划"（人力资源和社会保障部，2009年）、"万人计划"（中组部，2012年）等，各地方政府也先后出台人才计划，如"海外人才聚集工程"（北京市，2009年）、"两江学者计划"（重庆市，2009年）、"珠江人才计划"（广东省，2009年）等。

每项人才计划出台时都会附带详尽且可量化的人才评判标准，从技术层面对招聘的人才进行量化判断，用以指导具体的实践。撇开这些具体的人才引进计划、规划，对于什么是人才？我们是否能给出一个定性的答案呢？这里借鉴习近平主席列出的人才素质清单——德、量、才、志、绩，它对任何组织都适用。

德，通俗来说是指品德、操守。为了寻找和参与创造伟大公司，高瓴资本集团创始人张磊深入研究具有长期结构性竞争优势的业务模式，以及公司所处的发展环境、历史阶段。张磊所形成的中西合璧的投资哲学，其精髓可概括为"守正出奇"。"守正出奇"语出老子《道德经》："以正治国，以奇用兵，以无事取天下。"《孙子兵法》中同样指出，"以正合，以奇胜。故善出奇者，无穷如天地，不竭如江海"。张磊的"守正出奇"即"走正道、出奇兵"。他要求每位员工坚持道德与职业操守，对于"什么可以做，什么不可以做"应该有一条非常明确的内心分界线，对于每一个投资项目，都要求能够通过"头版测试"与"良心测试"。另外，在"走正道"的前提下，又要"出奇兵"。在行业选择、价值发现、资源匹配等方面,高瓴的投资方式通常是灵活多变的。

量,是指要有容人之量,能接受他人正确、合理的建议或意见。2005年离开万科创办优客工场的毛大庆谈道:"我们找合伙人,最怕的是找最熟悉的、与我们观点最一致的人","我们要找不同的人、基因不一样的人,但为了同一个理念、同一个远大理想、同一个愿景去奋斗,这是合伙人最根本而且是背靠背的信任"。

任何一个组织,如果成为"一言堂",前途都是岌岌可危的。能容得下人、容得下话、容得下事才能营造出直言不讳,积极建言的氛围,也才能形成集思广益,团结共事的和谐环境。因此,领导者在选拔人才时要注意选拔有团队精神,能听取不同、特别是反对意见的人,这样才有利于团队的整体发展与进步,也有利于发挥集体的力量。

才,自然是指才能,"有创造力,有驾驭能力和应变能力"[①]。在"大众创业,万众创新"的浪潮下,人才打破常规的创造能力、应变能力尤为珍贵。埃森哲(Accenture)卓越绩效研究院全球董事总经理保罗·努内斯(Paul Nunes)和研究员拉里·唐斯(Larry Downes)认为,传统企业要想生存,就得看到即将到来的行业聚变,解读无须实验背后隐藏的行业趋势,需要寻找公司内外部的"专家",他们可能是普通的一线员工,也可能是长期客户、风险投资人、行业分析师,甚至是科幻小说家,他们与众不同的洞见常难为人理解,甚至性格也有些古怪。缔造出伟大创新企业的乔布斯、比尔·盖茨和扎克伯格均是这类专家。

志,是"志向远大,意志坚定,有韧劲。"[②] 1978年,正值26岁的林毅夫正在思考人生道路和职业规划。第二年元旦,大陆发表《告台湾同胞书》指出实现中国的统一,是人心所向,大势所趋,并提出两岸"三通"建议;停止炮击大金门、小金门、大担、二担等岛屿;中美两国正式建交,美国政

[①] 习近平:《摆脱贫困》,福建人民出版社1992年版,第41页。

[②] 同上。

府与台湾断交，终止美台"共同防御条约"，并从台湾撤军。闻此番此景，1979年5月16日，林毅夫做出了他此生绝不后悔的决定——横渡金门海峡游泳到大陆。回忆往事，他感慨——"小我跟大我必须统一是最好的，大我是贡献中华民族的伟大复兴，小我当然希望通过我的努力贡献中华民族伟大复兴"这是他从小的志向。①

志向与信念对青年人成长成才来说至关重要，志向远大也是人才十分难得的特质。这不仅体现在人才发展的形势战略判断，也反映出人才个体的价值观、信仰与格局。

绩，是"在工作中，能奋发有为，尽心尽力，有所建树，人民群众能各得其所，安居乐业。"②人才的搜寻工作最终还是要落回到工作绩效中来，人才的个人价值也主要在工作成绩中体现，也源于此，绩效成为员工考评的重点标准之一。也正是由于重视这一点，企业往往将绩效管理、职业生涯发展规划和薪酬设定三个方面相互衔接。

然而也要注意，绩效考评虽然在量化评价上具备优势，但并不能以此下定论。特别是在知识经济时代，知识、技术的更新换代频率越来越高，领导者在选才用人、在评判人才的时候要避免唯学历、唯头衔、唯业绩的误区，从**德、量、才、志、绩**五个角度，结合创新创业和随机应变等时代需要的能力入手来衡量人才。

人才发现"四基准"

那么如何才能从人才身上发现、识别清单上的这些素质呢？简言之，就是坚持**人才发现"四基准"**。

"德字当先"是人才发现的第一准则。

1996年，柳传志在写给杨元庆的一封信中，描述了对年轻领导人才的期望：

---

① 王燕青：《林毅夫：朗润园的青年改革者》，《南方人物周刊》2014年第13期。
② 习近平：《摆脱贫困》，福建人民出版社1992年版，第41页。

要有德，首先要忠诚于联想的事业，个人利益完全服从于联想的利益，还要实心实意地对待前任开拓者们；要有才，从对人的多方位考核上造就一个骨干层，再从中选择经得住考验的领导核心。

任正非领导下的华为人才济济，却也强调品德与作风是底线，提出在选拔干部时，要看品德，不能唯才是举，不符合品德要求的干部要一票否决。他在一封"给华为员工的信"中鼓励员工审视自己，进行自我批判。"即使用鸡毛掸子轻轻打一下，也比不打好，多打几年，你就会百炼成钢了。"

爱奇艺 CEO 龚宇当初创办焦点网折戟，转战视频网站，一些老部下甚至自愿降职追随左右。老部下的生死相依最终成就了爱奇艺，成就了龚宇。他知道只要有这批班底在，即使爱奇艺没了，他们也能再创一个爱奇艺。

有德之人对企业、岗位保持着忠诚，即使一波三折也能不离不弃。人品不好之人不可用，当然，只有人品的人也不可用。首先人品要好，做事先做人，做企业需要"先有合适的人在一起，事情总是要调整、变化的，但核心的人是最重要的"。①

"聚焦业务和专业"是发现人才的第二基准。大赢靠德，在工作实践中，德，最直接的体现就是对所在单位价值观是否认同。员工价值是企业的核心"精气神"。德与才是辩证统一的关系，无德会偏离既定的事业轨道，无才则无法推进和完成事业，德才兼备才能既实现目的又不偏离初衷。

2015 年 6 月 29 日，中国政府正式提名金立群为亚洲基础设施投资银行（简称：亚投行）候任行长。金立群是谁？公众很不熟知。财政部的公告中评价他"具有在政府部门、国际机构和私营部门丰富的领导和管理经验"，外媒评价他为"彬彬有礼且行事老练的中国财政部前副部长和亚洲开发银行前官员"，外国政要认为他是"说话有技巧"的金融外交家。他说一口流利的英语，法语也不错。德国驻华大使柯慕贤称，"北京提出的候选人实力很强"。财政部一位官员肯定地说，"放眼看去，找不到比他（金立群）更合适的（亚

---

① 王辉耀、苗绿：《世界这么大，我们创业吧》，中央编译出版社 2016 年版，第 139—140 页。

投行行长候选人）人选，无论是知识结构、工作经验还是国际舞台上的人脉"。亚投行的宗旨在促进亚洲区域的建设互联互通化和经济一体化的进程，并且加强中国及其他亚洲国家和地区的合作，对推进我国"一带一路"伟大战略构想实施至关重要。2015年8月24日，金立群被正式推举为候任行长，可谓任重而道远。

契合企业文化、价值观为第三基准。 德字当先，德才兼备是发现人才的原则性基准，除此之外，是否与企业文化、价值观相适应也十分重要。

滴滴打车总裁柳青说："招人的时候要找到跟你的企业文化相适应的人。""第一对你这个行业比较了解；第二是要阳光，阳光就是说要比较积极、正面，不要老负能量；第三是要皮实，皮实就是不要有玻璃心，一碰就碎了。"①

互联网行业号称"唯快不破"，当前正处在"群雄并起"分蛋糕的阶段，竞争异常激烈。而阳光是一种自娱且娱人的心态，年轻的创业团队需要这种朝气阳光的成员和团队氛围。快节奏的工作，激烈的竞争，皮实的人抗折腾，今天跌到谷底，明天一样爬起来。由此，起起伏伏、波波折折的职场氛围和互联网行业文化需要阳光乐观且自愈能力极强的皮实人才。

2015年，京东已有近11万员工。京东掌门人刘强东的绝招是四张表格发现人才。第一类是能力低、价值观不匹配的情况，这被称为"废铁"，不予录用；第二类是价值观匹配但能力不够，称为"铁"，公司可为其提供转岗和培养的机会；第三类是价值观和能力都在90分左右，这是"钢"，几乎80%的员工都属于这一类；第四类是价值观和公司非常合拍，员工的能力也很优秀，这是"金子"。但还有一类"铁锈"员工，即能力很强但价值观不匹配，这是最危险的，公司绝对不能留下这类人。"我们第一时间要干掉的就是铁锈，比废铁还要糟糕。为什么？废铁的能力不行，价值观不行，没有关系，不会造成恶劣的坏影响。铁锈有腐蚀性，能力强，有一天如果他对公司进行破坏，会造成很大的影响力和杀伤力。"②

---

① 王辉耀、苗绿：《世界这么大，我们创业吧》，中央编译出版社2016年版，第130页。
② 王辉耀、苗绿：《世界这么大，我们创业吧》，中央编译出版社2016年版，第132页。

因此，企业和组织招人需将价值观的契合作为基本因素。"铁锈"不能与企业在文化、制度、价值观上达到契合，他们的不合适不是能力上的，而是方向上的，他们的冲击力更多地呈现为对企业历史的颠覆，这对一个成熟的企业来说可能是致命的。

对于一个已经成为业界翘楚的企业来说，成长的经历塑造了其独特的文化、制度，这些文化可能不是最科学的，却是合理的，是企业未来发展的基点。所以，这类企业在招人时就会倾向于招聘理解并尊重企业文化、价值观的人才。

"放眼未来战略"为人才发现的第四基准。

索尼公司一向以独创技术闻名，20世纪90年代后期，由于计算机产业发展，技术不足的索尼开始落后于人。因此，要想后来居上，必须尽快实现产品更新换代。按常规，让科研部门研制新产品至少需要两年时间，显然不利于市场竞争。于是，索尼领导层决定在企业内进行公开招标。结果三位被视为"怪才"的职工中标。有人反映，他们自尊心太强，点子太多，清高而不合群，但领导层却放手让他们"组阁"。课题、经费、时间、设备等自主决定，仅用了半年，印有"索尼"商标的微型计算机便出现在商店里，性能高于同类产品，价格却便宜一半，占据了大片市场。一年后，索尼又推出高速度大型计算机，其研制速度使同行们大为惊讶。

由此可见，当企业组织发展到一定阶段，就需要领导层带领团队重新制订发展计划，突出重围。企业从创业、发展、扩张到成熟，会经过很多阶段，在每一个阶段选人的目的都不同，创业阶段重拼劲儿，发展、扩张时偏能力，成熟阶段则要稳重。目的不同，开出的人才素质清单也会有些微差别。

事实上，人才的定性评判标准是与时代相依存的，在不同的时代，人才素质清单上众元素的轻重次序是不同的。春秋时期，礼崩乐坏，秩序混乱，恢复秩序是头等大事，故尊礼守制显得尤为重要；战国时期，诸侯乱战，弑君夺位之事时有发生，忠信被践踏，操守品行就更受推崇；三国时期，魏蜀吴三足鼎立，弱蜀想要生存，并进而冲出蜀地一统中原，人才的志向就更为贵重。在全民为建设和谐社会，实现中国梦而奋斗的当下，我们尤其需要坚定的走中国特色的社会主义道路、坚持中国特色社会主义理论体系、弘扬民族精神、凝聚中国力量。

因此，人才的"德"理当居于首位，在此同时，德才兼备为最佳。领导者不仅要掌握当下时代所需人才的素质清单，更要了解如何才能检验出这些素质，选拔到真正需要的人才。非如此，不足以让"千里马常有，而伯乐不常有"的哀叹销声匿迹，让有潜力的人才真正的成长为"为我所用"的人才。

人才选拔：审慎严格、出奇制胜

人才怎么选？按部就班地发招聘启事，通知面试，经过初试、复试后录取？在互联网时代，各种应对面试的技巧网上都有，用人单位如何"道高一尺，魔高一丈"，破解求职者的套路并甄选出自己所需的人才呢？

选拔审慎严格：原则、标准、程序

"人才高下，不能钧同"[①]，且"术业有专攻"，故需要通过选拔来检验和选择最优人选。因此，一套科学、合理的选拔原则、标准以及制度化的选拔程序就成了人才选拔的必备要件。

人才选拔原则

人才选拔原则为人才选拔工作提供方向和指导。人才选拔的最终目的是要满足实际的需求，在选拔人才时遵循**广泛性**、**竞争性**、**公平性**、**实践性**四项原则。

坚持广泛性原则可以拓展人才选拔的范围，广纳人才为我所用。不同背景、文化的融合与冲突往往更能激发出好点子，好主意。对于国内的机关事业单位，

[①] （汉）王充：《论衡·累害》，陈蒲清校，岳麓书社 2006 年版。

习近平同志多次提到"打破体制壁垒，扫除身份障碍，让人人都有成长成才、脱颖而出的通道，让各类人才都有施展才华的广阔天地"。"打破干部部门化，拓宽选人视野和渠道，加强干部跨条块跨领域交流。"

一般而言，世界上很多国家的公务员的招聘主要是通过社会培养、考试选拔、民主推荐等多种机制有机结合进行选拔。由于人口基数大，印度公务员选拔竞争激烈，与我国"国考"方式十分类似，但制度相对灵活；澳大利亚的招聘更为灵活，既有社会招考，又有面向毕业生的统一招考，同时还委托专业猎头一部分名额，选拔对象既包含国内公民，也包括国际移民。美国公务员选拔主要面向社会各领域的精英，主要包括高等院校和科研院所；工作一段时间的政府官员往往回到大学进修或者到科研机构通过参加课题研究来提升自己的工作能力。

可见，各国公务员人才选拔广泛性不仅体现在人员选拔范围的广泛性上，也表现在选拔方式的广泛性上。对于企业来说，也是同理。美国硅谷的人才可以说是在世界范围选拔的，硅谷之所以能够保持人才源源不断的供给，最重要的一点就是有求才的包容、广泛心态。根据《2015硅谷竞争力和创新项目》数据统计，2013年，超过50%的硅谷科学家和工程师出生在海外；2012年，43.9%的初创公司创始人为海外移民。同时，在公司外部，硅谷公司之间的人才流动率相当高，职业者更像自由的合同工，在不同公司间转换，使硅谷成为一个具有高度流动性的人才库；在公司内部公司首席信息官（CIO）建立促进信息技术人才与工程技术人才互相流动的组织架构，从而使公司上下可以自由地分享人才和创意。

坚持竞争性原则可以激发人才的活力，择优录取又可以保证人才的质量。华为掌门人任正非曾说："有成效的奋斗者是公司事业的中坚，是我们前进路上的火车头、千里马。我们要让火车头、千里马跑起来，促进对后面队伍的影响；我们要使公司15万优秀员工组成的队伍生机勃勃，英姿风发，你追我赶。"在干部选拔上，华为以"赛马文化"著称，即人才加入华为后，会抹去学历、工作经历的差别，大家都站在同一起跑线上，就像一群赛马，脱颖而出的是跑得最快的。在绩效考评方面，华为主张"给火车头加满油"。

按贡献和责任结果以及人才的奋斗精神，拉开人才之间的差距，让马力大的火车头做功更多、跑得更快。

坚持公平性原则可以彰显社会公平与正义，提升人才的积极性。

沃尔玛公司为保证公平、公正选人制定了详细而严格的晋升制度。设立了明确的晋升渠道，将晋升渠道制度化，并让员工熟悉这一制度，使其对自己的职业发展有明确的依循方向。确立了严格的晋升制度之后，沃尔玛的晋升评选就显得尤为公正透明，与此同时，还通过晋升与训练相结合的方式，使得各个人员在各个阶层中落实训练，完成相关训练后再经由考试测验合格才能取得晋升资格。

除了用制定严格的考评来保证公平，"不拘一格"选人用人也是公平原则的体现。亚马逊公司的人才组合从微软公司的跳槽者、到自由主义的艺术家、从牛津剑桥的文学学者、到摇滚乐乐手……更有甚者，亚马逊还招募了职业滑冰运动员和职业赛车手。因为在亚马逊的公司文化中，员工没有经验履历上的歧视与差别，不论穿着、背景与爱好，只要符合两点就可以成为亚马逊的一员：1.为公司贡献创意；2.忠于公司，对亚马逊有信仰。

对于政府机关单位而言，公平选拔人才的重要性不言而喻，因为公平是公信力的来源，能让候选人对结果心服口服，同时提升社会公众的监督力度，遏制人才选拔工作中的不正之风。在"双创"人才培养的大环境下，2016年3月，中共中央印发了《关于深化人才发展体制机制改革的意见》，强调要"创新人才评价机制"，"突出品德、能力和业绩评价"；"改进人才评价考核方式。发挥政府、市场、专业组织、用人单位等多元评价主体作用，加快建立科学化、社会化、市场化的人才评价制度"；"改革职称制度和职业资格制度。深化职称制度改革，提高评审科学化水平"。[①] 提倡人才选拔应该是"玻璃房子里的竞争"而不是"暗箱里的操作"。

坚持实践性原则可以充分检验人才的才能。实践是检验真理的唯一标准，

---

① 中共中央印发《关于深化人才发展体制机制改革的意见》全文，新华网，（http://news.xinhuanet.com/2016-03/21/c_1118398308.htm）。

也是人才的试金石。联想的用人观认为，"光说不练是假把式，光练不说是傻把式，要能说能练"。要知道怎么去从实践和书本中学习，不断复盘总结，然后相结合，开展新的业务。在柳传志的语境里，实践是检验人才的唯一标准，他会很关注极富上进心的员工，看他们的学习力、意志力和品德是否优秀，心胸是否开阔。通过给对方调岗和一些工作机会，逐渐就能确认此人是否堪当重任，然后将他放在合适的岗位上。在联想控股旗下的融科智地、联想投资、弘毅投资等，有些管理干部提升得很快，原因是"老打仗，打仗打得多的部队就提升得快"。理论与实践之间大多不存在完美契合的情况，领导者在选拔人才时也不能只停留在理论检验的层面，要多注重实践层面的检验，注重人才处理实际问题的能力。

人才选拔标准

人才选拔原则从宏观层面上掌舵人才选拔，人才选拔标准则更接地气，直接与人才"短兵相接"，比量长短。人才选拔标准顾名思义就是人才选拔、取舍的准则和尺度，选拔者以此为参照在候选人中择优录取。人才选拔标准的设计实际上是建立在一个假设之上的，即"假设选拔活动中表现很好的人选在未来的工作中也表现出色。"[①] 也就是说选拔者需要通过对比选拔标准来预测候选人在以后工作中的表现，预测的越准说明选拔标准的效度越高。另外，选拔者还要注意选拔标准的信度，也就是选拔标准受外在因素，如参加测试的动机、测试的场地等的影响情况。选拔标准受外在因素影响越小，测试结果也就越准确。

选拔标准的效度和信度说到底是对选拔标准本身的测试因素，用以评判选拔标准的准确性与适用性，对选拔人的考量也内含其中。而针对候选人的选拔标准一般分为两类，一类是通用性标准；一类是专业性标准。

通用性标准适用于各行各业各个领域的人才选拔，主要是通过一些人才

[①] 郑其绪主编：《微观人才学概论》，党建读物出版社 2013 年版，第 215—221 页。

的共性，如人才素质清单中提到的德、量、才、志、绩等因素来判断人才的政治素质、心理素质、创新能力、价值判断以及实干精神是否符合时代、国家、社会以及民族的需要。

在世界经济缓慢复苏、全球对外直接投资大幅下降的背景下，中国对外投资增势依旧再创新高。据商务部统计，2016年中国境内投资者全年共对全球164个国家和地区的7961家境外企业进行了非金融类直接投资，累计实现投资11299.2亿元人民币（折合1701.1亿美元，同比增长44.1%）;[①] 伴随着中国企业大规模"走出去"，国际化人才需求缺口巨大。那么，什么样的人才是"国际化人才"？目前尚无统一定义。

国际化人才的内涵和外延都是随着人们认识的变化而不断发生着变化，从起初的具备外国语言背景扩展到具有一定的国际背景与视野、熟悉国际惯例、能够进行跨文化管理，再到后来的从事跨国业务合作及国际市场开发。那么，什么样的人才能帮助中国企业扬帆远航呢？具有丰富跨国公司高管寻聘经验的史宾沙金佩霞女士认为，谦逊、敏感、求知欲、灵活度、沟通能力是拥有全球思维方式的高管们的共同点，即通用性标准。

专业性标准即哲学所说之个性标准，因行业和领域而各不相同，甚至是同一行业，不同的公司也各不相同，主要考察的是人才的技术、能力与岗位任务及职能设置的匹配程度，甚至与公司文化也大有关系。

微软青睐具备热心、慧心、苦心的"三心"人才。

Google更看重人才很扎实的基础和极强的动手能力。

三星公司在选拔人才时坚持"能力主义""适才适用""赏罚分明"等原则。

百度企业文化较为自由、宽松，崇尚激情、创造力、自由发挥和高效率，在选拔人才时也更为注重人才自发的冲动和创业激情。

通用性标准与专业性标准相辅相成，不能符合通用性标准的"人才"难以在社会发展趋势中找到定位，实现自身价值，获得发展；难以满足专业性

---

① 商务部，http://www.mofcom.gov.cn/。

标准的"人才"则无力承担岗位责任，更遑论个人发展。同时满足通用性标准和专业性标准的人才能够在社会和具体工作岗位中实现同向发展，既实现个人价值又促进社会进步。

因此，组织在选拔人才时要"两手抓，两手都要硬"，选拔兼具共性与个性的人才，实现人才个人价值与社会发展的契合。制定细化、客观的考核指标，譬如说评价一个干部是否具备艰苦奋斗的作风，可以看他"是不是用人五湖四海，不拉帮结派；是不是实事求是敢讲真话，不捂盖子；是不是能够耐得住寂寞，受得了委屈"等。[①]

人才选拔程序

"无规矩不成方圆"，立下了人才选拔标准，下一步就是如何保证这一标准尽量少地受到人为或主观因素的影响。朝令夕改的标准没有可信度，也难以看到成效。制度化、程序化的标准可以避免人事变动对制度实行造成的影响，在时间维度上满足成效显现的条件。

总体来说，人才选拔的程序一般包括以下几个步骤：**明确需求→选拔人才→录用人才→考察人才→任职考核**。

明确需求是要明确岗位的工作任务和职责，让人才可以对照自身进行初步判断。同时，也能让人才选拔做到有的放矢，高效地选拔到最优人选。

选拔人才通常分为资料筛选、选拔测试两部分。应聘候选人提交资料后，选拔人员会在此基础上对比岗位要求进行筛选，初步筛选合格的候选人将参加进一步的选拔测试。选拔测试主要是对候选人的能力、素质等进行实际的初步评估和预测，形式多为笔试及面试。选拔测试的优点在于能直接、真实地面对候选人，通过观察候选人的反应及应变能力能更直观的得到结果。

录用人才在选拔人才之后，人才一经录用，用人单位与之建立了劳动合同关系，要对其负责。但人才录用结束后也并非一劳永逸，还要试试作出岗

---

① 华为选拔人才的考核细化项。

位职能上的调整。

考察人才。试用期是人才与组织、单位的磨合期，也是彼此进一步考察、了解的过程，它将选拔测试压缩的时间延展开来，能更全面、细致地了解彼此，为双方下一步选择提供更充足的依据。

当然，顺利通过试用期的人往往能找到与组织、单位共存的和谐方式。但这并不意味着一劳永逸，在任职过程中，人才还需要定期或者不定期地面对任职考核。任职考核具有持续性，可以看出人才的成长曲线和未来的发展方向，便于掌握人才的成长动向。对于通过考核的人才，可以为其提供更高更阔的平台，让其尽情地发光发热；对于考核不合格的人，也要敢于说"不"，要形成良性循环的程序、机制，才能保证运行的活力。

对于机关事业单位而言，人才选拔程序的有效运转要满足公开、公正、公平的条件，具体说来就是选拔信息的公开、选拔过程的公开以及录用结果的公开。选拔信息、过程及结果的公开，一方面可以扩大人才选拔范围，达到"优中选优、广聚人才"的目的，选拔基数越大，选到最优人选的可能性也越大；另一方面是对选拔录用的过程和结果进行监督，以提升选拔录用工作的公信度。

人才选拔工作从大处说事关国计民生和社会稳定，从小处说关系着每一个人的发展与价值实现，不可不慎。领导者在选拔人才时更要严格按照组织程序进行，慎之又慎。

出奇制胜："无厘头"得很专业

美国电报电话公司（AT&T）的面试环节中有整理文件筐的安排。公司要求应聘者在十分钟内将杂乱的文件筐整理好。实际上，这是个不可能完成的任务，时间根本不够用。AT&T其实并不要录取能整理完文件筐的人，而是要从求职者的表现中考察他们的条理性、逻辑性以及判断事情轻重缓急的能力。

松下电器让求职者给自己打分，自评在70分以上的不予录取。松下认为

70分是合适的人才，自评70分以上的人往往将自己看得太高，容易眼高手低或者跳槽，不稳定。

壳牌石油则安排求职者与高层管理者一起参加公司组织的鸡尾酒会。酒会后由参加酒会的高层推荐进入下一个环节的候选人。

麦肯锡在面试时的问题跨度则能从实际案例的翻版到一些稀奇古怪的类型，例如，美国有多少加油站，为什么下水道的盖子是圆的？其实很多题目并没有所谓的"真正答案"，而是用人公司通过题目了解被试者的分析、推理判断、解决实际问题的能力。

……

这些让求职者感到莫名的奇招、怪招，看起来云山雾罩、不着调，甚至让求职者一头雾水。让求职者晕头转向当然不是企业的目的，那么企业的真实目的又是什么呢？

网易公司创始人兼首席执行官丁磊养猪曾在社会上掀起一阵讨论热潮。2010年，他做客南方报业传媒集团"两会"直播室，主持人请丁磊与在场的三位大学生嘉宾模拟面试，为养猪场选人才。丁磊提了这样一个问题："一头成年猪大概有多重？""180斤左右。""170斤左右。""200斤左右。"丁磊从容一笑，说："确切地说，是230斤左右。"

不难看出，三位嘉宾的答案明显带有猜测成分，先蒙一个再说。丁磊为什么问这个问题呢？养猪人才不是应该问饲料搭配、养猪场设计等"专业问题"吗？丁磊这样解释："我为什么会问这个问题呢？我们的生活和生产到底距离有多远，你对周围的观察、对周围事物的思考能力到底是怎样的，都可以从中看出来。所以，我觉得在评估一个人的时候，需要一针见血，抓住一些重要的要素，就能够代表你对这个职位、这个行业的兴趣、认真和仔细的程度。"

"招聘这个事存在了很长时间，每一个求职者作为人类，躲在一个叫简历的鬼后面，简历后面又通常躲着一个HR，HR后面通常躲着一个需要用人的人",BOSS直聘首席执行官赵鹏如是谈论了他对招聘的看法。①

目的只有一个——全面的了解应聘者,权衡应聘者与公司的匹配度以及稳定性。全方位的了解求职者,实现招聘效应的最大化,降低招聘成本的损失,这就是背景调查的目的——越细微处越显出专业的强大。

互联网招聘正当时

随着信息化技术的快速发展,社交网络作为招聘手段在企业内部早就不是个新鲜事儿了。传统的招聘工作与互联网结合得更加紧密,使招聘渠道更为多样化,效率更高。在线招聘市场已经渗透到人力资源服务市场产业链的多个环节,包括提供招聘猎头服务、职业测评、培训教育、人事外包及咨询等。SNS、Twitter、Linkedin、BBS、Blog……这些互联网流行的东西已经进入我们的视野,并逐步成为人力资源打"招聘战"的新装备。

在互联网发展之初,企业建设的招聘主页首先开始发布职位信息和接收申请。求职者省去了用两条腿跑路、四处打探招聘信息的工序;企业借助网页编程分析求职简历,从而省去人工录入且方便信息筛选、管理和信息反馈。

随着招聘主页的出现,求职者开始兴起网投简历的风潮。从而催生了专业招聘网站的产生。实现集中发布职位信息并完成前期筛选、面试流程。求职者开始在专业网站上浏览职位,省时省力;企业则通过外包招聘信息发布省去了建设网页的人力投入。

随着领英等社交型招聘网站进入国内,将以往秘而不宣的"人脉"当成了一门生意。相比典型招聘网站的用户都是从"求职"的需求出发,注册"领英"的用户有80%的人往往最初并不是为了跳槽,而是打开社交圈,用户模式为"先社交、再求职"。

目前在领英中文版用户中,拥有等同于"经理"以上职位的用户比例已

---

① 《求职不是躲猫猫游戏 BOSS直聘CEO谈互联网招聘》,财视传媒,(http://mt.sohu.com/20161209/n475431237.shtml）。

近一半，成为"领英"的前端社区。目前，"领英"账号已经同微信应用建立合作关系，拥有领英账号的用户与微信个人账户相互连接；同时微信也加入了"领英"的名片交换和分享功能。

赶集网数据显示，2015年41%的求职者通过网络找工作，企业利用网络招聘率达53.8%；同时，蓝领市场规模持续扩大，达到白领招聘市场规模的5—10倍。[1] Enfodesk易观智库发布的《中国在线招聘市场趋势预测报告2014—2017》显示，2014年，中国在线招聘市场规模将达到32.4亿元，与去年相比增长19%，预计到2017年，这一数字将达到53.3亿元。[2] 随着中国经济持续增长，企业管理模式更新换代加速，对人事管理的重视程度将持续加大，人力资源服务市场潜力巨大，在线招聘市场将继续渗透。

他山之石：猎头机构

经过几个月的苦苦寻觅，2014年2月，微软新任CEO的搜寻工作终于尘埃落定，最终花落微软内部高管：萨蒂亚·纳德拉（Satya Nadella）[3]。

早在2013年，微软便将CEO寻聘工作委托给海德思哲，后者历经五个多月，考察大约上百位来自福特汽车、Facebook、高通、VMWare等公司的CEO。最后，虽然候选人来自微软内部，但按照专属型猎头公司的行规，海德思哲收取的猎头费用是不变的，以纳德拉底薪120万美元计算，收费将不低于40万美元。[4] 比尔·盖茨（Bill Gates）对此次高管搜寻的评价是，纳德拉是转型时期微软最好的CEO人选。

在西方，很多知名大公司一般都会跟猎头合作寻找人才，特别是高端人才。猎头缘起于第二次世界大战后，当时各国百废待兴，企业等机构对人才的需

---

[1] 王超：《新常态下互联网招聘的新机会》，《青年商旅报》2015年3月20日，第3版。
[2] EnfoDesk易观智库，www.enfodesk.com。
[3] 纳德拉在微软工作20多年，之前任微软执行副总裁，主管云计算与企业事业部。
[4] 由于纳德拉的底薪是120万美元，40万美元是按照30%的猎头服务费计算得出。

求急剧增加，猎头应运而生。20世纪八九十年代，猎头开始进入大众视野，到90年代末期，大的猎头公司刮起了上市风潮。现在，猎头公司已经成为被社会普遍接受和使用的人才招聘途径。

被称为"奥运会商业之父"的彼得·尤伯罗斯（Peter V. Ueberroth），拯救IBM的郭士纳（Louis Gerstener），推动香港大学迈进世界一流高校行列的徐立之，领导波音公司创下第二高的年度订单数的吉姆·迈克纳尼（Jim McNerney）[①]等都是知名猎头公司猎取到的。《国际猎头与人才战争》[②]中提及，实际上现在猎头机构已经操控着全球70%的高级人才流动，为90%以上的大型企业提供服务。猎头公司的佣金一般是岗位年薪的30%，虽然酬劳不低，但效果立竿见影。相较于国际猎头的高端定位，我国本土猎头则大多数瞄准中低端市场，定位于年薪50万元以下的技术类、部门经理等职位。[③]

国际猎头以高端服务占据中国猎头市场的第一阵营；而本土猎头则坚守国内中低端的二三阵营——这样的定位能较好地平分细化猎头市场，见表3-2。同时，鉴于国内人才市场中低端的资源能够保证本土猎头进行客户积累。

表3-2 中国猎头公司三大阵营

阵营	猎头公司
第一阵营	以光辉国际、史宾沙等为代表的跨国猎头，专做高端客户的高端职位。拥有国际人才数据库、丰富经验猎头顾问的跨国猎头公司在高端猎头方面有着得天独厚的优势
第二阵营	本土猎头中的佼佼者，如科锐、泰来等，多是20世纪90年代就开始涉足猎头行业的元老级猎头。这些猎头公司在业内享有一定的知名度，主要做中端猎头，兼做高端业务

---

① 国际高级人才咨询协会（AESC）。
② 王辉耀、苗绿著：《国际猎头公司与人才战争》，机械工业出版社2015年版，第41页。
③ 中国人才交流协会高级人才寻访专业委员会2013年调研报告。

阵营	猎头公司
第三阵营	大多数都属于本土猎头公司，客户主要集中在中小型企业。该阵营内的公司一般不限行业，大多逢单就接，一般不收预付款，也不签订排他合同，合作成功才收取费用。由于数量众多，且规模较小，难免鱼龙混杂

资料来源：根据王辉耀、苗绿：《国际猎头与人才战争》，机械工业出版社 2015 年版编辑整理。

让专业的人做专业的事。企业单位各组织机构，在必要时考虑选择专业的猎头公司，不但可以节省花心思寻找人才的时间成本，更可以降低招到人才的素质匹配性不强的风险。猎头公司作为人才发现领域的专业机构，发挥专业力量寻找人才，如同将酵母放入广大的招聘市场，让竞争力强劲的职场风起云涌。

人才举荐：尚贤、主动、多渠道

用人之本在尚贤

人才举荐不是简单的独立行为，春秋战国时期，齐国"尊贤"，鲁国"亲亲"，后来齐盛鲁衰，两国迥异的发展脉络为尚贤事能和任人唯亲做了最好的注解。所以，领导者在举荐人才之时不可不慎，这是经济、社会发展的分叉点，走向更好或更坏都是在这里打下底儿。

目前，我国改革开放已进入攻坚期和深水区，"再深的水我们也得蹚"。[①] 如何蹚？怎样蹚？人才是关键。习近平在 2013 年全国组织工作会议上讲话时表示："我们党历来高度重视选贤任能，始终把选人用人作为关系党和人民事业的关键性、根本性问题来抓。治国之要，首在用人。也就是古人说的：'尚贤者，政之本也。''为政之要，莫先于用人。'"为政治国，要在用人，

[①] 李克强在 2013 年两会上谈改革。

用人之本在尚贤。

尚贤之风自古有之，禅让制就是以贤与德为衡量的一种权力过渡方式。当适时，贤人的典范与标准就是尧、舜、禹。进入"家天下"之后，儒家又成了衡量贤人的尺度。当今时代，尚贤事能的参照系换成了国家与经济社会发展的需要。那么，在举荐人才时，应该着重考察的"贤"与"能"是指什么呢？习近平在2015年全国组织工作会议上的20字标准："信念坚定、为民服务、勤政务实、敢于担当、清正廉洁"，将企事业人才所需的"贤"与"能"都概括了进去，那么举荐贤能人才应如何做呢？

举荐人才首先要有人才意识。 不同的时代，不同的地域对人才的要求也不同，领导者要了解本地区、本单位的人才需求，有的放矢地发现、挖掘和举荐人才。

滴滴创始人程维说："我是从阿里出来（创业）的，线下执行力有，但没有技术合伙人"，"人总要为自己不了解的领域付出代价，创业没有侥幸，等到你真的痛的时候，你就会去补短板"。为了找到可能搭档的技术合伙人，他"真的是无所不用其极"，找了当初在支付宝的同事，问了在江西老家开网吧的堂哥有没有同学在北京工作，又去腾讯、百度等公司挖人，约他们吃饭喝咖啡，但还是没有。后来，他偶然加了一个微信群，认识了现在的CTO张博。跟张博谈完，他特别兴奋，当即给天使投资人打了电话说：这就是上天给我的礼物！

这是现代版的"求贤若渴"。事实上，除了在需要时加紧寻觅人才外，领导者的人才意识还要有预见性，预先做好人才储备工作，用时信手拈来，不致造成临时抱佛脚的慌乱。再者，领导者在树立自身的人才意识之外，还"要在全社会大兴识才、爱才、敬才、用才之风"，为社会大众植入人才意识的理念，鼓励他们毛遂自荐或是举荐他人，拓展人才举荐的途径，延展人才举荐的范围。

举荐人才要不拘泥于形式，不困于制度、流程。 创新思维的优点就在于能打破常规，创新创业的潮流需要的正是能打破常规与既定常态的人才。举荐人才也要有创新思维，非常之才也要用非常手段，不能拘泥于资历、年龄、制度、程序等外在因素，而要大胆突破，敢为前人所不为，举荐有真才实学之人。

1982年，习近平去正定任县委书记，他第一拜访的人就是贾大山。贾大山当时是文化局下属的文化馆副馆长，而且还是非党人士。那时非党人士想要做部门的一把手基本上属于零概率事件。习近平在与贾大山的交往中认识到了贾大山的才能，举荐其出任正定县文化局局长。贾大山上任之后，雷厉风行，一改文化局的乱象，将之治理得井井有条，促进了正定文化事业的大发展。正定最鲜亮的文化名片隆兴寺就是他领导下修复完成的。

举荐人才还善用人才的集聚效用。

雷军2010年创办小米时，为了组建超强团队，前半年花了80%以上的时间找人才。他拉来合伙人林斌[①]，林斌推荐了黄江吉[②]、洪锋[③]。凑巧的是洪锋的太太认识刘德[④]的太太，洪锋认识雷军后想到了大牛人刘德，就拉来了他。很快，小米的创始团队就有了大半壁江山。雷军将80%以上的时间用在找人上。不是他不重视产品，而是他知道寻觅到优秀人才才能做出好的产品。他举荐人才的功夫一点都没浪费，都浇灌成了小米品牌稳固的基石。

无论在企业界、学界，抑或政界，任何一项大事业的创立和发展都需要有能力的人才来推进。目前，我国正处在实现中华民族伟大复兴的关键时期，不拘一格地举荐干部人才完善干部人才队伍是开展各项工作的前提和要点。领导者举荐人才既要大刀阔斧，放开手脚，敢于突破常态与规矩。同时又要谨小慎微，将人才举荐放在经济、社会发展的大环境和人才的大背景中去考虑，集聚本单位、本部门所需的优质人才。同时，要知道举荐人才是为国家选人才，而不是为亲朋好友找饭碗，一定要杜绝"绕道进人""萝卜招聘"等不正之风，让真正需要和有真本事的人进入人才队伍中来。

---

① 小米科技联合创始人、总裁。
② 曾与林斌在微软共事，现任小米科技副总裁。
③ 曾与林斌在谷歌共事，小米科技联合创始人、副总裁。
④ 小米科技党委书记、联合创始人、副总裁。

主动出击以制胜

在知识、人才的价值没有得到充分彰显的东汉末年，诸葛亮闲卧卧龙岗27年等一位"明主"。当今知识经济时代人才竞争激烈，不说27年，27天都会有相当大的变数。人才也不会再等，而是会创造条件展现才能。如此一来，用人方就更加等不起了。

在人才竞争激烈的时代，主动出击网罗人才方是当下人才举荐的正确方式。

技术的演变与推进，颠覆了人们的生活和工作方式。程维找到首席技术官张博，走的不是传统的"人（用人方）—人（第三方）—人才"的举荐方式，而是"人（用人方）—人才"的进化版举荐方式。时移则事异，时代不同了，人才举荐的方式、途径也在进化。现代化的沟通手段，有人用它闲聊，有人用它求才，不同的抉择会有不同的未来。通信技术的衍化扩大了个体人际交往的半径，同事、亲戚等熟人社会之外，网络上陌生人的人际交往正在兴起，这其中也伴随着一定的机遇，甚至是比熟人社会更好的机会。陌生人聚首的前提是兴趣、特长等偏好，在这里更能找到志同道合或互补的人才。

程维在主动荐才中的着急也暗示着人才竞争激烈带给用人方无形的焦虑，也是当下人才竞争环境在个体身上的映射。千军易得一将难求，得人才者方得天下。

《微软360度——企业和文化》中有这样一段话："很多年前一个新入微软的主管要面试一个程序员。他自己恰好有一个程序没写完，想把面试的事推了。老板发现了，跟他说：'微软现在公司股价在市场上值上千亿。投资人下了这些钱，相信我们值这么多。但你看，如果把我们的公司大楼、计算机、办公设备等不动产全卖了，得不了几个钱。剩下值这几千个亿的就是我们这些人了。如果我们不请到最好的员工队伍，公司的价值就不断下降了。投资人可不想看到这个！无论你在干什么，招聘工作任务一到，把其他事都推掉！'"① 由此，在微软文化中，将招聘的优先级定在处理手头的工作之前，因为他们认识到了人才的价值，认识到人才能让微软的价值实现几何式增长。

"工欲善其事，必先利其器。"招募到了优秀的人才，事业方能如虎添翼。

绿色通道"旋转门"

在美国，智库与政府之间存在一种特殊的人才交换通道——"旋转门"。早在20世纪初期，美国的"旋转门"机制就发展成熟。思想者与行动者、学者与官员可以通过"旋转门"机制实现身份转换，在一定程度上沟通了学界与政界、思想与权力，实现了两者的相互渗透。

詹姆斯·斯坦伯格（James Steinberg）曾多次通过"旋转门"实现身份互换。在伦敦国际战略研究所和兰德公司研究多年后，他成为克林顿政府外交团队的重要一员，在克林顿政府任期届满后，进入布鲁金斯学会，之后又效力于奥巴马政府。

美国前总统威尔逊就任总统之前，曾在普林斯顿担任校长；在里根执政的8年中，他聘请的任职或顾问的智库成员达200人，55名来自胡佛研究所；36名来自传统基金会；34名来自企业研究所；32名出自危机研究委员会；18位出自国际战略研究中心。

2009年奥巴马入驻白宫后，邀请了32名布鲁金斯学会的成员进入其执政团队。②

一方面，智库人才进入政府任职，从政策研究者转变为政策制定者，增强了智库对国家政策的影响力；另一方面，智库大量吸纳政府离任官员，成为高级人才的蓄水池和引力场，提升了智库政策研究的质量。

我国政府机关和企业之间也存在初级的"旋转门"互换机制。一些进入体制内的高层官员，多经由"特殊渠道"进入。

---

① 张骎、栾跃、李雨航、王志峰等：《微软360度，企业和文化》，电子工业出版社2008年版，第94页。
② 王辉耀、苗绿：《大国智库》，人民出版社2014年版，第144—145页。

在加入证监会之前，史美伦是一名在美国旧金山 Pillsbury、MadisonandSutro 和香港高特兄弟律师事务所执业的律师，年薪十分可观。2001 年 2 月，中国政府委任香港证监会副主席史美伦担任中国证监会副主席。当时国务院总理朱镕基通过朋友向她传达信息，想请她到中国证监会当副主席，全职，在北京工作。史美伦很惊奇："很感谢国家领导人的信任。"

近年来，"旋转门"的扩大化主要集中在推动人才在高校和企业之间"旋转"。2016 年 11 月，中共中央办公厅、国务院办公厅印发了《关于实行以增加知识价值为导向分配政策的若干意见》，允许科研人员和教师依法依规适度兼职兼薪，"科研人员在履行好岗位职责、完成本职工作的前提下，经所在单位同意，可以到企业和其他科研机构、高校、社会组织等兼职并取得合法报酬""高校教师经所在单位批准，可开展多点教学并获得报酬。鼓励利用网络平台等多种媒介，推动精品教材和课程等优质教学资源的社会共享，授课教师按照市场机制取得报酬。"[①]

致公党人、德国克劳斯塔尔（Clausthal）工业大学机械系博士万钢，奥迪公司原生产部和总规划部技术经理，先后被德国克劳斯塔尔工业大学和同济大学聘为兼职教授，博士生导师。

2000 年，万钢主动向国务院递交开发洁净能源轿车的设想，受到科技部、经贸委领导重视和支持；后当选为国家"863"计划电动汽车重大专项首席科学家、总体组组长，并作为第一课题负责人研究燃料电池轿车项目。2004 年 7 月，万钢任同济大学校长，两年后任中国致公党中央副主席。2007 年，凭借优秀的科研学术背景、国家级项目指导经验以及政治领导才能，万钢被任命为科技部部长，成为 1979 年以来第一位民主党派出身的部长。[②]

从归国学者到国家部长，短短 7 年时间，万钢部长的经历为"学而优则仕"做了最好的注脚。然而，随着近几年国家对科研工作和科研人员的重视，

---

① 中共中央办公厅、国务院办公厅：《关于实行以增加知识价值为导向分配政策的若干意见》。

② 《万钢：35 年来首位党外人士任国家部委正职》，中国网，（http://www.china.com.cn/policy/zhuanti/zgrsrm/2007-04/28/content_8186900.htm）。

非党政人员担任国家部长的案例也不仅限于万钢一人。

中国科学院原副院长、农工党成员、法国巴黎第七大学科学博士陈竺，回国后潜心从事白血病研究，同时肩负运筹、组织和管理我国"人类基因组研究计划"的任务，组建了"人类基因组研究技术体系"和"国家人类基因组南方研究中心"，作为首批"973"计划首席科学家，开展了人类基因组DNA和cDNA的大规模测序、单核苷酸变异检测、疾病基因定位、克隆与功能等研究。

2007年，为推动深化医药卫生体制改革的工作，国务院卫生部需要一位医学功底扎实的同时又懂管理的部长，陈竺是荣获十多个世界级头衔世界级血液病专家，专业本领过硬，再加上领导岗位的锻炼，政治思想素质完备，水到渠成的成为新任卫生部长最合适的人选。

从万钢和陈竺部长的发展经历中可见，利用和扩大政府和企事业以及高校之间的"旋转门"给人才举荐提供了更为宽广的渠道和方式。然而，国内这种"旋转门"机制并不完善，由于现行公务员制度限制，由智库或学界进入政界的机会比较小，少量成功案例几乎仅限于顶尖的全方位科研人员抑或是党政智库人才，社会智库、民间研究机构等则极少有人才直接到政府部门任职的情况。也由此，我国完备、通畅的"旋转门"人才举荐和选拔机制亟待建立。

可喜的是，近年来，我国公务员选拔制度在民主推荐、竞争性选拔、考录公平性和科学性等方面，不断探索和改进，也更趋规范化、专业化。与此同时，在兼顾国情的基础上，也应借鉴他国经验，采用更为多元化选拔方式。如引进海外高层次人才，增加并拓宽对金融、法律等专业性强的体制外人才的选拔渠道；建立起官、产、学多方灵活流动机制，推动公务员队伍与社会各行业和领域的有效对接，促进整个社会人才队伍的良性循环。①

---

① 王辉耀：《世界各国如何进行公务员选拔》，《人民日报》2017年4月26日。

第四章
人才使用艺术

> 用人必先知人始吾于人也,听其言而信其行;今吾于人也,听其言而观其行。
>
> ——(春秋)孔子

量才授任,适得其所

现代管理学之父彼得·德鲁克(Peter Drucker)在《卓有成效的管理者》中,引用美国钢铁大王卡内基(Andrew Carnegie)墓碑上面刻的一句话:"在这里躺着的人,知道如何用比他更能干的人,来完成自己想完成的事业。"

用人长处,知人短处

懂得扬长避短是领导者用人方略中最基本、最核心的,要多看到人才的长处,从岗位需求出发寻求契合的人才。

美国南北战争时期,林肯任命格兰特为将,有人以格兰特贪杯嗜酒、难当大任为由反对。林肯回答:"如果我知道他喜欢什么酒,倒应该送他几桶,让大家分享。"在林肯眼中,更看重格兰特运筹帷幄、决胜千里的能力。南北战争的战果为林肯的选择做了最有力的证明。

管理者在用人之时,用其长避其短,不求全责备。正如德鲁克所说:"倘若要所用的人没有短处,其结果至多只是一个平平凡凡的组织。"

中国人所谓的"伯乐知马",并非仅仅说伯乐识得鼎盛状态的千里马。那匹拉车都吃力的马,连赶车人都嫌弃,伯乐却如获至宝,慧眼识马,让它驰骋疆场。挖掘人才、选拔人才的最终落脚点是用人,在"用"之前还有一个步骤是"知人"。用人之前,要懂得识人,全面地认识人才,了解其长短,以便做到量才授任。

美国心理学家威廉·马斯顿博士（William Marston）1928年所创造的DISC性格测试系统把人类正常的行动分为四大类：D（Dominance）安排者；I（Influence）影响者；S（Steadiness）稳健者；C（Compliance）思考者。

安排者竞争心强,一旦目标确立,立即行动,且在逆境中抗压能力强,但性格易怒,可能会与人产生摩擦；影响者十分擅长沟通,能有效地说服他人,与人互动效率高是优良的沟通人才,但渴望认同、勉励、夸奖和表扬；稳健者有耐心且冷静、稳固、随和,但适应性差,缺乏快速反应力；思考者以完善主义者为多,即使在不利的环境中,也能关注细节并对自己设定高标准,但对制度和规矩虔诚,往往拒绝改变。这四种性格分析,恰恰从正反两个方面说明,一个人的长处往往对应他的短处,任用长处的同时也要规避短处。

美国管理学家德鲁克说,"倘若要所用的人没有短处,其结果至多只是一个平平凡凡的组织"。整个队伍是形形色色的各种有才能的人聚在一起,在相互交流和合作中各取所长,如果连队伍中人才的长处也发现不了,那自然也就发现不了短处。想找"各方面都好"的人,结果只能找到无能的人。

美国柯达公司在制造感光材料时,需要员工在暗室里面完成工作。但发现员工一进入暗室,由于环境昏暗幽闭,往往变得焦躁不安,工作效率大打折扣。有人建议聘用盲人来进行这份工作,因为他们习惯了黑暗的环境,不会出现慌张不安的状况。于是柯达公司将暗室的工作人员换成盲人,结果提高了工作效率和工作质量,为公司带来了可观的利润。

辩证地看,问题都是相对的,长与短是会相互转化的,关键是用在哪里、怎么用。譬如让爱吹毛求疵的人去当产品质量管理员,让谨小慎微的人去当安全生产监督员,让斤斤计较的人去参与财务管理,让爱打听的人去当信息员,让性情急躁、争强好胜的人去当青年突击队长……结果变消极因素为积极因素,大家各司其职,各尽其力,团队效益也成倍增长。

一位人力资本学者曾说,"发现并运用一个人的优点,你只能得60分；如果你想得80分,就必须容忍一个人的缺点,发现并合理利用这个人的缺点和不足"。

职场中的"鲶鱼效应"就是很好的例子：

挪威渔民在运输沙丁鱼的过程中，会在沙丁鱼群里放一条以鱼为食的鲶鱼。沙丁鱼见了鲶鱼后左冲右突，四处逃窜，保持清醒和警惕状态，降低在运输中窒息死亡的风险。

在现实公司人力资源管理中，"鲶鱼"型人才一旦被挖掘出来，往往以个人魅力带动和激励组织中的其他人员，以一种"压力"和"危机感"打破公司企业内部的平衡。他们争强好胜，主动出击，是组织团队里面的猎手，用末位淘汰制来激发其他员工。善于利用"鲶鱼"的缺点，造就了整个团队的效益优势。由此，管理者不仅要看到人才的优势更要了解其缺点，并最大限度地发挥其优劣特性，以做到人尽其才。

人得其所，人事两宜

2014年6月，智联招聘在纽交所上市，郭盛的名字不得不提。事实上，在智联董事会找到郭盛之前，这家成立于1997年的老牌互联网公司的创始人早已相继离开，后来四年里换了四任CEO，其中在一年时间里更换了三个CEO，公司落入内斗不断，奄奄一息的境遇。

在加入智联招聘之前，郭盛曾经先后在著名外企、国企、创业企业任职，还曾任职于麦肯锡公司7年，数次经手操作高科技企业在纳斯达克上市。凭借多年的职业发展经验，郭盛加盟后，仅持股2.9%和0.8%的投票权，虽然没有对公司的实际控制权，但正是凭借早年对不同性质公司运作的熟悉和上市经验，重新拯救了智联招聘，带领公司在纽交所上市。

郭盛进入智联招聘的例子是人才与工作岗位两相契合、相得益彰的成功范例，效果也显而易见。人才与岗位讲究天时地利人和的"缘分"，放错了岗位的人才会被埋没。在思考用人时，领导者要以人才与岗位的匹配度为准绳，将最合适的人放在最合适的岗位上，发挥出"1+1>2"的效用，避免岗位和人才之间的拉郎配，避免只选最好的不选最对的而造成双方资源的浪费。

将合适的人放在合适的岗位上，做到"人事两宜"，避免削足适履的弊端。人才与岗位应是彼此最诗意的栖居，犹如建筑当中搭配完美的榫卯一样，既无余料又能有效地实现功能，既惬意又实用。

中国南海油气资源极为丰富，是世界级的"四大二新贵"[①]油气富聚区之一。2003年8月31日，吴邦国委员长在马尼拉向菲律宾众议院议长德贝内西亚建议共同开发南沙的石油资源。于是得益于得天独厚的地理位置，享有我国南海"明珠"之称的海南省，在开发南海石油工程中发挥重要作用。担任原中国海洋石油总公司总经理、党组书记、董事长和首席执行官的卫留成，在中海油集团的经历与成效表明，他不仅精通国际游戏规则，更善于国际谈判和斡旋，注定是一个合适的人选。[②]

除了专业能力对口之外，国际化、工作高效也是身为CEO的卫留成任职省长不可多得的优势。在中海油工作期间，卫留成有两个出名的习惯：一是用英语写日记的习惯；二是他极具效率的工作风格。阅览报告时，如果首页的前半页没有将问题交代清楚、明白，那么这个报告就此作废。

在一次采访中，白岩松问卫留成，"我听说您作为省长给底下的很多人发了《致加西亚的信》这本书，基于什么样的想法？"卫留成答道："我2003年年底到海南去工作的，正好2004年年初春节的时候，我想我应该给我的部门的厅局长们和市县长们送一个什么样的礼物，后来我就买了100本《致加西亚的信》，这本书我在中海油的时候给中层干部也都送过，听说美国不止一届总统给他们的办公室人员都送过这本书，为什么送这本书呢？当时我就意识到，能不能创造性地去执行一个任务，是这个政府提高效率的一个非常关键的问题，事实上我刚去的时候，从企业到政府，我很不习惯，最不习惯的就是在执行这个问题上，有些时候感到太慢，效率比较低，我去的第一个月就检查了一下，开办公会和批示的文件有57件吧，查的结果，大概只有两件全部办完了，其他20件在办，另外大部分都还在等待，这时我意识到提

[①] 中东、墨西哥湾、西伯利亚、中国南海海域。

[②] 陈挺：《卫留成到海南任职是国内石油战略的一个折射》，《21世纪经济报》2003年10月10日。

倡执行力在政府系统中非常重要。"

卫留成在回顾自己职业历程变化的时候曾感慨:"大概一方面是我当CEO的时间稍微长一点,另外我觉得作为一个省长,对政府的运行,政府的运作,特别是在国有资产的运营方面,很大程度上很像CEO。"

从"石油行家"首席执行官到海南省省委书记,卫留成的职场跨度,反映了量才授任不仅是人才选拔工作见成效的重要起始点,也是承前启后的关键一点。人才选拔原则、标准、制度的有效性都从这里开始得到验证,并从中收获进一步改进的建议。人才才能的勋章也从这里开始显现雏形并走向圆满。领导者的识人之力、任人之能也从这里开始迈上实践检验真理的轨道。

以用为本,才尽其用

"以用为本"落到实处就是要做到"人尽其才、才尽其用、用当其时、各展所长"。"用"就是人才挖掘、任用的实践,识人之明、用人之当的检验都系于此。用人是个技术活,要想"人尽其才,才尽其用"就要多管齐下地激励、激发人才的能力和潜能,务求尽其才,竭其能。

自我实现

日本学者中松义郎的"目标一致理论"认为个人目标与组织目标存在着如图 4-1 所示的夹角关系。夹角 θ 越小,个人方向与组织方向越接近,个人潜力 F 发挥得也就越充分。当个人方向与组织方向重合时,个人潜力 F 发挥到最大值 $maxF$。

领导者在用人时要善于引导人才自我实现的需求与组织目标的协调一致,同时在制定组织目标时适当考虑人才的个人发展方向,甚至可以让人才亲自参与组织目标的制定,最大限度地缩小两者之间的夹角 θ,激发人才潜力,达到个人价值与组织目标的双赢,员工自我实现的需求也就最容易得到满足。

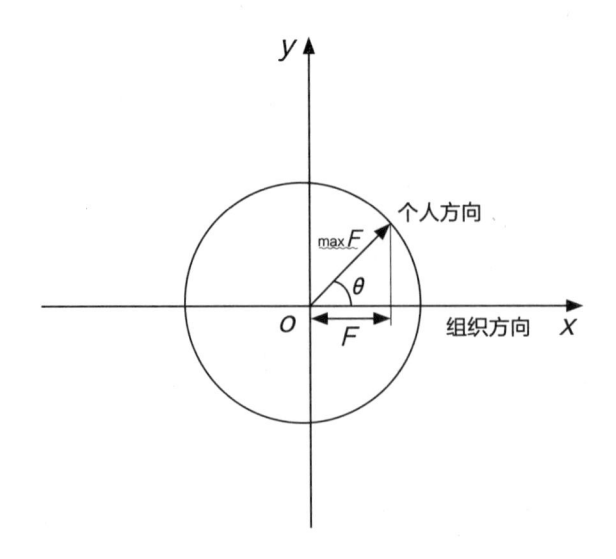

图 4-1　个人潜在能力发挥同个人方向与组织方向夹角的关系[①]

马斯洛需求层次理论认为，自我实现需求是最高层次的需求，满足这一需求的渴望而产生的驱动人向上的内驱力也最强。自我实现的需求能激发人才工作的积极性，提升工作效率。自我实现需求与组织目标一致时能极大地提升整体效益。当然，在注重个人方向与组织方向一致性时，还要充分考虑组织目标的可行性，没有可行性的目标只是镜花水月，不但难以达成，还会挫伤人才的积极性。

尊重需求

尊重是一种态度，更是一种认可。

晨兴资本的刘芹是《福布斯》"全球 100 名最佳投资人"之一，投资了迅雷、小米、易到用车、拉卡拉等著名公司。他坦言，自己不愿带着投资光环，更愿意将自己定位为热爱投资的投资人。"我与创业者是平等的，作为投资

[①] 张德：《人力资源开发与管理》，清华大学出版社 2007 年版，第 146 页。

人不应该是一种居高临下的感觉",他很敬佩创业者,对他们抱有理解和尊重,知晓他们承担着压力的孤独,也明白创业者最需要的外在帮助其实就是认同。

刘芹一直都是用创业者的心血来做投资,"帮忙不添乱"是其信条,他对所投资公司的投入程度也是一般投资人难以企及的,被他投资过的创业者都把他当作联合创始人而不是外部投资者。他可谓投资界的"暖男",这种品质也满足了优秀的创业者极大的个人自我尊重需求。

尊重需求,在马斯洛需求层次理论中居第二高位,其产生的内驱力仅次于自我实现的需求。生活在社会中的人都希望有稳定的社会地位,希望个人能力与成就得到社会的认可和尊重。尊重需求被满足后,自信心、上进心、个人价值都能得到极大的满足和激发,由此带来的归属感会产生强劲的凝聚力和积极性。

尊重人才容易形成品牌效应,引得人才纷纷来投。当然,尊重人才并不是只说漂亮话,还要落到实处,在行动上真正地敬才、爱才。

加压激将

"压力很大,材料几乎都是英文的,遇到不认识的单词就利用晚上查词典……"

中华全国律师协会会长、金杜律师事务所创始人王俊峰,他的第一份工作是在中国国际贸易促进委员会法律部做涉外法律服务工作。进入这个专业平台后,他压力倍增,国际谈判不仅内容专业,工作语言也全是英语,他只好一边实践,一边学习。

"90年代初,大陆的律师拿奖金就是几千元钱,香港的律师来了都是百万元的。那时候心里就有点儿不服气,我看他个子也没有那么高,学历也不过如此,仅仅因为他们在外国工作过就比我们'值钱',心里有一种非常非常不舒服的感觉。"这对王俊峰来说是一个刺激,他非常想尽自己所能,改变这一现状。

"大雪压青松,青松挺且直。"①压力是驱动人生的另类燃料。"加压激将"是激发潜能的独辟蹊径之举。人迎接挑战时就像攀登高山,当攀上顶峰时就会一览众山小,能力、心智都达到更高的层次,人生也由此迈上一个新台阶。

领导者不能一味地向人才唱赞歌,还要掌握批评的艺术,从反面鞭策人才。"争强好胜"是优秀人才的主观心态,有效地引导和利用好这一心态,给予人才适当的压力,可以激发人才潜力,收获奇效。领导干部在用人时也要给人才加压,适时适当地"苦其心志",以"增益其所不能"。

滴滴总裁柳青曾说:"我们非常相信每个人都是有潜能的,并不是像你想的那样,我们把你放在那个岗位上,那个岗位会定义你。"在滴滴,"我们不会把一个人才定性说你这个人只能做这个,我们相信每个人的潜能,前提是要激发大家"。在这里,激发、激发、再激发,倒逼着人才快速成长,正所谓,扛不起压力的人才难堪大任,烧不死的鸟才能成为凤凰。

利益激励

徐小平是著名天使投资人,他在投资实践中发现,共同的利益对于团队来说非常重要,有7个联合创始人的小米,雷军的股份比徐小平投资的所有公司的老大都少,却发展得最快。不过,除了共同利益,合伙人之间还需要共同的梦想和价值观来凝聚,用更高的利益、价值观和责任感来化解团队中的矛盾和利益纠纷。

因此,共同利益和共同理想,两者缺一不可。徐小平总结道:"不要用兄弟情义来追求共同利益,这个不长久,一定要用共同利益追求兄弟情义;不能纯粹为了理想去追求事业,但事业一定要有伟大的理想。"

"民以食为天",人才有基本的物质需求,合理地分配物质利益能更好地驱动人才安心、努力地工作。小米缔造了实力强大的联合创始团队,这也

---

① 陈毅:《冬夜杂咏·青松》。

意味着创业初期的薪酬付出要比同类公司多两三倍。

利益激励是最直接的人才激励方式。所以,用人时要注意股权、期权、薪酬、奖金等的合理规划和分配,通过物质奖惩给予人才最直接的激励与反馈。同时,物质激励要做到言而有信,万不可言出不行,损害了自身信誉不说,还会对长远工作的进展产生负面影响。同时也要意识到仅有薪酬是无法留住人才的,还要用共同的理想、共同的目标去凝聚人。

筑巢留凤

"环境因素"是影响人才发挥作用的重要外因。肥沃的土壤、适宜的温度、充足的水分是嫩芽萌发、成长的必备条件。同时,人才需要适宜的环境来促进其能力发挥和潜能开发。

谷歌(Google)素以为员工提供良好的工作环境而著称。员工如果工作累了,可进入娱乐"太空舱"好好休息一会儿。该娱乐设施不但可隔音,而且能阻挡任何光线进入。每层办公楼之间都安装了一个滑梯。除了娱乐功能外,还可供员工们在发生火灾时紧急撤离。办公楼每层都设立一个电话室。每台电话机都安装在经过装饰的小屋当中,以方便员工处理私事……

除了硬件环境的打造,积极融洽、相互信任、上下通畅的内部环境可以鼓舞士气,振奋精神,形成能者上的气氛。在管理学畅销书《基业长青》中吉姆·柯林斯曾说:"那些久经沙场屹立不倒的公司有一个共性,那就是'狂热信仰'。"这个说法虽然有些过激,但在一定程度上是有借鉴意义的。我国娃哈哈集团有著名的"家文化",核心内容是"家":包含了"小家",即员工个人;"大家",即企业;以及"国家"三个方面的含义,要凝聚"小家",发展"大家",报效"国家"。遵循这个理念,集团对职工生活给予关心,工作上给予帮助,管理上以人为本,处处体现人性关怀。当年达能与娃哈哈的"达娃"之争白热化之时,娃哈哈员工们选择不离不弃,与公司共进退。

"人同此心，心同此理"①，营造良好的工作氛围和企业"家"环境，敢于为人才提供、创造平台，人才是企业发展的核心动力，站在员工的立场上思考他们的诉求才能聚得拢、留得住人。

识人有道，用人有度

事物是千差万别又普遍联系的，其内在的、本质性必然联系被称为规律。用人也有规律可循，掌握这些用人之"道"，就能在实践中达到事半功倍的效果。

尚贤事能与不拘一格

2015年，一篇《海鸥计划，让你带着梦想自由翱翔》的报道如是说，"没有过硬的平台，没有耀眼的起点，让你止步梦想的大门外？没有'985'、'211'大学文凭，让你在求职的道路上放弃了自己的坚持？如今，只要你有能力、有梦想、有自信，并且是广工职中兴NC学院的一员，就可以通过参与'海鸥计划'入职中兴通讯海外分部就业，获得年收入'15万+'的工作"。②

没有文凭，光有能力也能被这个社会认可吗？这里不禁要打个问号。的确，经过历史长河的洗涤，"尊贤"最终以其坚实的品质要求和效果淘汰了"亲亲"，成为实践检验的用人原则。当然凡事都有程序，选人也是如此，但制度、程序确立下来后也并非一劳永逸。事物是千变万化、形形色色的，总有制度、程序解决不了或涵盖不到的情况或"破例"之举。"海鸥计划"奉行英雄不问出处，事实上，这项计划是中兴通讯首次在"985""211"等定点院校以外的社会渠道进行人才培养。项目打破了传统教育就业模式，具有内容新、模式新、形式新三大特点，专业教学内容极具行业前瞻性，结合中兴通讯全

---

① 南宋心学大家陆九渊语，著名哲学家、政治学家菲利普·佩迪特（Philip Pettit）也提出类似说法。
② 《海鸥计划，让你带着梦想自由翱翔》，（http://roll.sohu.com/20150409/n411028354.shtml）。

球带薪实习、实训等，学生在法国学习1年，毕业后通过中兴专业认证后即可获得"人才绿色通道"待遇，进入中兴通讯海外分部就业——这是一项企业版的"海鸥计划"。

2005年本书作者所提出的"海鸥"这一概念，定义是"进行跨国环流的留学生群体，与'海归'相比，他们并没有彻底回到中国，或者说即使留在国内也经常往来于中国和海外之间"[①]，并估算中国的"海鸥"规模约10万人。那么，怎样用好愈来愈壮大的"海鸥们"呢？原则就是"不求所有，但求所用"，后来各级省、市地方政府纷纷推出自己的"海鸥计划"吸引所需的海外人才。

尚贤事能与不拘一格互为补充，偏重了任何一方都难得完满。偏重尚贤事能，可能会为制度、程序所累，错过了用人的时机；侧重不拘一格，可能选出来的良莠不齐，错过了真正的人才，毕竟破格也需有"格"，不偏不倚方得选人之道。

用人不疑与适当监督

"我为自己变成这样一个骗子感到羞愧——开始是比较小的错误，但现已整个包围着我，像是癌症一样……"赔光了整个巴林银行（Barings Bank）的尼克·李森（Nick Leeson）在狱中曾写下这样一句话。

巴林银行是地位显赫的英国老牌贵族银行，它的覆灭起源于一次2万英镑的损失。1992年，该银行职员尼克·李森的新手下交易员误将客户"买进"的期货合约看成"卖出"，由此又由于日经指数上升了200点，2万英镑的损失成为了6万英镑。然而李森没有向上级报告错误，而是利用"88888"账户掩盖了真相。不久，另一个交易员在另一次交易中又出现了800万英镑的错误。李森为了保住自己的职位，又再次用"88888"账户隐瞒。1995年，账户"窟窿"达到86000万英镑，造成世界上最老牌的巴林银行终结的命运。除去李

---

① 《海鸥计划，让你带着梦想自由翱翔》，（http://roll.sohu.com/20150409/n411028354.shtml）。

森本人的原因，巴林银行管理监管混乱，也是其倒闭的原因之一。

在中国文化里，重感情，讲究用人不疑，讲到监督就会有些扭捏，认为这是不信任对方，是在伤感情。其实，这完全混淆了用人不疑与适当监督的界限。用人不疑，不疑的是人才当时的能力、才干、品质，而事物是不断变化的；适当监督的实质也并不是怀疑，而只是"有则改之无则加勉"。

我国台湾著名企业家、台塑集团创办人，被誉为"经营之神"的王永庆曾坦言，台塑采取中央集权式压力管理，巧妙地将指挥中心总管理处划分为专业管理幕僚与共同事务幕僚两大块，前者掌管监督，负责制定、推动以及善后，后者掌管执行，有一批人负责执行，又有另一批人在后头催促与监督。台湾若干企业仍处在老板推一步、员工走一步的被动状态，而台塑有总经理室的209位幕僚，等于有209位推夫，自然绩效良好。①

诚然，用人不疑会激发"士为知己者死"的惺惺相惜，让人才对单位产生归属感，危难时刻亦不离不弃。因此，企业选用人才后需要大胆授权，让人才放开手脚发挥。但更要注意，人才走上岗位之后，随着时间推移和环境变化，其世界观、人生观和价值观也会发生一系列变化。因此，领导者要把握好人才的思想变化和成长，通过监督来约束和引导人才，防微杜渐。

用人时，事前要做好审查，对人才的品德、能力有充分的调查和认识；任用之后要心胸豁达，敢于授权和分权，给人才干事儿的机会和权利，对人才以诚相待，做到用人不疑。同时，还要在人才的头顶上悬起"达摩克利斯之剑"，监督人才合理用权，走好每一步。领导者要拿捏好其中的度，实现用人不疑与适当监督的对立统一。

用当其时与人才储备

2008年前后，美国进入金融萧条阶段，通用等美国三大汽车公司的负责

---

① 郭泰：《重温王永庆经营理念：为何平凡却出奇伟大？》，《决策参考》2013年第5期。

人纷纷乘着私人飞机跑到华盛顿去向奥巴马求援，因为公司濒临破产。史宾沙由此曾受通用汽车公司之托寻聘一名新CEO。

那么，什么样的人选适合当时的通用汽车呢？是寻找一位三年以后能帮助企业进一步发展的CEO，还是找到能帮企业解决现在危机的CEO？显然，在当时情况下，解决危机的CEO更重要，因为该公司要供应一二十万人在美国的生活，所以就要寻找能够在危机环境中使公司财务转危为安的人才。

根据这项要求，史宾沙为通用汽车找到的人选并不具备汽车行业工作经验，而是在加利福尼亚州的化工行业工作，他特别擅长解决此类危机状况。此人把通用汽车公司从破产边缘拉回重新上市以后，他的任务就完成了，续任者是公司原来的CFO，因为未来公司又需要一位擅长在正常情况下运作的高管。

拿破仑曾说："在战役实施中，只有一个时机是最适合的。"

用人也是如此，在人才的成长过程中，存在"萌发—发展—成熟—衰退"的不同阶段，呈现抛物线形态。人才成熟期前后的一段时间是用人的黄金时期。研究结果显示，科技人才比社会科学人才的最佳年龄要早；艺术表演、体育竞技类人才比其他人才的最佳年龄更早，大多数体育人才在30岁以后就退役了；党政领导人才的最佳年龄则比各类人才都要迟，高层次党政干部40岁以内的比较少。[①]

用人时要尊重和把握人才的发展规律，抓住人才发展的黄金时期，做到用当其时，适时地将人才推向合适的平台和岗位，尽早推动人才黄金时期的到来，并延长其持续时间，充分发挥人才的创新能力。与此同时，还要考虑企业的发展阶段对人才能力的需求。

当今时代，人才跳槽的频率呈现上升趋势，一旦出现重要岗位空缺，靠临时抓派难以保证人才的质量。有些人奉行"临时抱佛脚"的观念，认为挑战面前准备准备就能安稳过关。这种投机主义的心思用在人才工作上是要抓

---

① 郭泰：《重温王永庆经营理念：为何平凡却出奇伟大？》，《决策参考》2013年第5期。

瞎的。时间紧，任务重，很可能会在人才质量上大打折扣。

个体效用与群体效用

中星微是第一家凭借核心技术在纳斯达克上市的中国芯片设计公司。邓中翰初回国创业时，采取了避开英特尔、三星这些芯片巨头的战略，以便中星微像匹黑马一样杀出来。他很清楚，自己不能单打独斗，而是需要一个团队，用核心的文化和凝聚力来构筑公司的高起点。

他先找到斯坦福大学的电子工程学博士杨晓东。杨晓东曾经工作于英特尔和惠普公司，长期从事CMOS大规模集成电路系统研究。跨国公司的工作经历让杨晓东发现自己更喜欢高成长性，每天都接受新挑战的环境。所以，当邓中翰邀请他一起在中国做一个技术上绝对领先的公司时，他爽快地答应了。之后，邓中翰又找到南京师大附中的同学金兆玮，金大学毕业后虽已移民加拿大，但一直与邓保持着密切联系。

初始班子搭起后，三人做了分工：邓中翰是一个结构和能力都很全面的人，做事情喜欢从全方位考虑，所以主持大局；说话和走路频率都比别人快的杨晓东则对技术一往情深，负责专注于技术；金兆玮有着较为丰富的市场经验，"和再难缠的人都能打交道"，所以抓销售。邓中翰说这是"一个充满友谊的团队"，正是这个团队使得中星微的星光闪烁在世界的天空。

个体与群体既矛盾又相互依存，没有个体无以为群体，没有群体个体何赖以生。人才在单位中也不是孤立存在的，必然会与他人产生交集，如何将各不相同的人才融合成效能最大的群体，是对领导干部的考验。

一盘散沙或是聚沙成塔，看的是排列组合的能力。要做好人才结构的排列组合，需坚持整体性、互补性和动态性原则。个人利益的最大化与整体利益的最大化并不完全一致，领导者在构建、优化人才队伍时要以整体利益为考量，实现群体效用的最大化。

人才的能力有同质的，有互补的，甚至有相互冲突的，用人时要尽量避免或消解人才可能出现冲突的情况，在岗位安排上注重人才能力、专业、思维等的互补，实现人才的融合与相互促进。事物是不断发展变化的，人才的能力也会出现消长，领导者要实时关注人才，并根据变化优化人才结构，以适应变化的外部条件和内部情况。

空降人才与内部人才

在王永庆创办的台塑集团，一旦出现人才空缺，集团先从内部找人，看是否有合适的人可以调任。这么做优点有三：一是可以改善人力不足与人员闲置问题；二是将不适合现有职位者另给跑道，令其发挥所长；三是可以节省与企业文化与工作环境相关的训练时间与费用。①

可是，当内部人才满足不了组织发展所需时，怎么办？单位选用人才时主要有两种方式：一是寻找"空降兵"；二是对内部员工进行培养提拔。这两种方式各有利弊，不同企业和组织也各有偏好。

早在2011年，四川省公务员报考就已打破了体制内外限制，非公有制企业人员也可报名参加公选，此举立即引起了体制外人员的积极参与。特别是来自企业的报名者覆盖中石油、中石化、中国移动、中国银行等10余家世界五百强国有企业，还同时引起了相当数量的非公有制企业人才的兴趣。据统计，体制外报考人员占比47.3%，竟然将近报考人员的一半，其中有278人来自高校，130人来自央企，来自非公有制企业的也有198人。②

谁拥有了最好的人才，谁就会在竞争中胜出。

相较内部培养，用"空降兵"见效更快，可以在最短时间内提升企业管理能力与市场竞争力。哪怕通过猎头去挖，也可以花10万元佣金聘请到别人花了500万元学费培养出的人才，带来交纳1000万元学费才能获得的经验。

在阿里巴巴，虽然"空降兵们"流失很严重，但细心的人会在阿里上市的招股书中看到，马云、蔡崇信、陆兆禧、彭蕾等27人组成了阿里合伙人团队，

---

① 郭泰：《重温王永庆经营理念：为何平凡却出奇伟大？》，《决策参考》2013年第5期。
② 《四川向全球发出"招贤榜"非公企业管理人员可参选"县处"级》，《四川日报》2011年8月5日。

其中，创始人、和公司一同成长起来的管理人员以及从外部引进的"空降兵"大致保持2：4：4的比例。

在百度，2014年9月张亚勤正式加盟任新兴业务总裁，他与李彦宏本是山西老乡，二人的野心不谋而合，加盟后将为百度"开疆辟土"。知情人士称，张亚勤名气大，资历深，既可做李彦宏的代言人，又可帮助百度吸纳人才，还具有非常丰富的业界资源。事实上，百度近年在网罗外部优秀人才，吸纳了吴恩达、王海峰、余凯、张潼、贾磊、吴华等一批世界顶级科学家和刘骏等高管。

然而，"空降兵"水土不服的现象也经常出现。引进的人才有新鲜的思维、能力、活力，原有人才有经验与积累的威信，引导不当容易激起甚至激化双方的矛盾。所以，在构建和优化人才结构时，领导干部还要注意协调引进人才与原有人才的关系，防止"招来女婿，气走儿子"。要对引进人才和原有人才公平对待，唯品质、能力、实绩来评价人才，不能双重标准。更重要的是要从长远角度构建人才机制，着眼于打造实力团队以提升业绩，以形成良性长久的发展机制。

第五章

人才培养策略

企业领导者的主要任务不是去发现人才,而是去建立一个可以出人才的机制。

——张瑞敏 海尔集团董事局主席、首席执行官

如何公正:赛马制用人

骨干人才对单位、组织的带动作用不可小觑。骨干人才自带榜样光环,人才的榜样力量来自于成员对其实力的认可,其选拔更要经得起质疑与追捧。如何证明骨干人才的实力?如何证明依据可靠可信?公平、公开、透明的选拔就成为重中之重。

培育"赛马文化"

海尔秉持"赛马不相马"的用人理念,对此,张瑞敏有一些精辟的阐述:"每个人都可以参加预赛、半决赛、决赛,但进入新的领域时必须重新参加该领域的预赛。"参赛机会人人均等,无论是何资历和学历,都可报名,但是入选机会只给有能力有业绩的人,只有通过实战预赛才能进入新的领域。海尔有广阔的发展空间,提供目标和规则,方向清晰、机制完善,个人能否成功,全凭自己的能力,"给你比赛的场地,帮你明确比赛的目标,比赛的规则公开化,谁能跑在前面,就看你自己了"。

但是,"赛马制"用到"极致",就会产生负面作用。有的企业通过简单的面试大量招聘新员工作为储备,入职后3—6个月内筛选和淘汰70%的人员,只留30%重点培养;或者一旦新人的表现超过老员工,老员工就面临

着被调岗或淘汰的命运。如此反复地折腾了几轮，公司 50% 以上的中层管理者跳槽，80% 的意向员工也流向了竞争对手。

正所谓物极必反。稳定与成长对于人才和单位、组织都很重要。在稳定、良好的环境中，人才能够预见未来，积极性、主动性可以得到更好的发挥。在不稳定、朝不保夕的环境中，人才考虑更多的则是明哲保身和寻求更好的出路。因此，赛马制选拔的赛场、赛道、规则、考验、竞争都是必须具备并适度的。

赛场 骨干人才的选拔和培育，需要能发挥所长的岗位。要鉴定、锻炼骨干人才的能力，就要给他合适的机会和平台，做到人事相洽，因材制宜地安排岗位，安排擅长分析的人才去做市场开拓显然是选错了赛场，轻则造成人才、资源的浪费，重则导致人才流失。

赛道 赛道的划分避免了选手挤作一团的乱象，体现了良性、健康、有序的竞技精神。骨干人才之间的"赛马"也要各司其职，各管一摊，越俎代庖或是越权管理都会导致竞争秩序的混乱，影响竞争的公平、公正以及竞争结果的可信度。

规则 规则是制度公平的体现，意味着骨干人才所处的制度要求和规范是相同的，竞争起点是一样的，平台是公平的；同时也让骨干人才在做事时有规矩可循，不至于出离得太远或太偏。

考验 赛马运动考验的是速度，骨干人才的选拔、培养也要安排一系列考验，帮助他们提升自身素质与能力。量的积累可以带来质的飞跃，这里的量也有限制，超限之后的积累是一种浪费，并不对质产生任何影响。骨干人才被寄予厚望，单纯的累积性事务对他们并无帮助。因此，在选拔、培养骨干人才时要安排一些有挑战性的、需要踮起脚尖才能达成的目标，以激励他们力争上游。

赛马需要"引导"

马云曾坦言："传统跑马选帅的问题，对公司的伤害超过了大家的想象，因为你只要选出两个帅，去选的时候，两个帅要成功必须要有两批团队，两批团队最后死的是另外一个团队，政治斗争就会起来。"

可见，赛马制中竞争不是目的，而是整个企业如何在内部的良性竞争中不断成长和发展。

因此，顾全大局、懂得引导成为至关重要的因素。骑手是赛马的方向，指引赛马奔向终点。骨干人才的选拔、培养也需要引导，领导干部要充分担当起引导责任，避免骨干人才走上歧路、偏路。南辕北辙的错误不是没有努力，而是方向错了，方向错了的努力只会加速下滑的速度。因此，用好赛马制需要在前、中、后三个节点的引导上做好安排，不可走向极端。

赛马之前要先"选马"，骨干人才需要德才兼备，同时又满足岗位需求。选择时要从岗位出发，做到了如指掌，有的放矢，而且了解得越详细越具体越能在赛马之后得到想要的人才。

赛马之中，以团队和项目组为单位赛马，争当先进，但也要给"小马"一些机会。华为"赛马"文化中曾借鉴韩非选拔官员名言"宰相必起于州郡，猛将必发于卒伍"，赛马中要注意实际经验和基层实战的历练。

赛马竞争之后，要做好分析工作，找出原因，做好人员安置工作。领导者在赛马制选拔骨干人才之后，要与落选之人沟通，帮助他们分析问题，找出问题，给予再次尝试的机会，也可考虑调职等方式，帮助落选之人寻找合适的平台与岗位。

小材大用："小萝卜"能否占"大坑"

"小萝卜"占"大坑"是人才培养的"速成大法"之一。在萝卜与坑的供求关系中，完全的匹配容易产生不思进取的安逸，"小萝卜"占"大坑"与"大萝卜"挤"小坑"的别扭才会激发向上的激情。非常之才要用非常之道，"小萝卜"占"大坑"不是好高骛远，而是基于现实的适当冒险。

带"萝卜"去冒险吧!

华为早期的破格提拔成就了许多的"小萝卜"。那时进华为一两年二十出头的年轻人很可能会有两三次乃至五次以上的破格提拔经验,他们在华为提供的"大坑"里迅速成长,很多人四十出头就已经成长为在全球通信领域内非常重量级的技术专家、管理领袖。

现在"80后"职员已成为华为的中流砥柱。目前华为的市场体系、研发体系中很多人才都是"80后",专家中"80后"占了70%,部门经理中六成以上也是"80后";值得一提的是,华为各国家总经理中41.1%是"80后",他们统管全球数十亿元乃至百亿元的业务。

事实证明了"小萝卜"占"大坑"的合理性与有效性。"小萝卜"有成长为"大萝卜"的天赋与潜力,"大坑"则激发骨干人才的潜力。但对这一机遇与风险并存的用人方式,领导干部应注意控制风险的发生。

阿尔卡特公司中国区前副总裁刘江南曾说:"不要把世界上所有的冒险都看成壮举,其实这背后都隐藏着许多精巧的计算,只是不为外人所知而已。"[①] 用"小萝卜"占"大坑"的方式任用、培养骨干人才,"做好规划"就被提上了日程,以最大限度地降低结果的不确定性。"否则,明知道是地雷还要去踩,那就不是冒险,而是自杀。"[②]

"萝卜坑"的使用玄机

2017年是杨元庆在联想效力的第6个年头,从意气风发的青年变成了驾驭跨国集团的总裁。人们不禁要问:他当初是怎样被柳传志看上并委以重任的呢?

1993年,洋电脑"入侵",联想也受到不小的冲击,第一次没有完成预

---

① 王辉耀:《在不如意的人生里奋起直追》,江苏文艺出版社2014年版,第44页。
② 同上。

定任务。次年，柳传志决定为公司发展冒一次险，提拔重用杨元庆。当时的杨元庆只是联想集团CAD部总经理，进入公司仅5年。对于联想的高层来说，杨元庆还太嫩。如何让联想老一辈的创业者接受杨元庆，如何在重用杨元庆的同时不影响元老们的积极性？这是柳传志思考的问题。他对杨元庆最终能否扭转联想的困局并没有十足把握，但仍决定一试，因为他从杨元庆的行为处事上看到其坚忍的品质与拼命精神。

杨元庆被任命为销售部经理后，进行大刀阔斧的改革，300多人的队伍被精简为125人，销售人员从100多人变成18人。裁员最容易激化矛盾，他却没有退缩，以公司利益为重坚持改革。他在前方干得热火朝天，柳传志则在后方抵挡住来自元老们的压力，以给他一个发挥的平台。1995年，联想电脑的销售逆势上扬，成为国内市场的三强之一。

柳传志在决定起用杨元庆之前，一直在关注着他。1991年，杨元庆提出要离开联想出国时，柳传志将他挽留，之后不断地给他加担子，有意识地锻炼他，为他的成长铺路，最终敢于将他放到重要岗位上。

领导干部在任命之前要下功夫了解骨干人才，为其量身定做发展规划，不能一时兴起，想做啥做啥，反把人才推进坑底。给一个"樱桃萝卜"提供一个"树坑"，估计穷其一生也不可能长到与地面齐平。"坑"大小合适，人才努力之后能够到"坑沿"，有了支点，之后才好往上爬，一点点地进步，长满"坑"，甚至拓展"坑"；"坑"太深，努力了也看不到希望，最后可能成为那只井底的青蛙，坐井观天聊以自慰，即使借助外力出来了，也可能被"开阔"吓到，再次跌回井底。

培养骨干人才的另一种办法是把"大萝卜"放到"小坑"里锻炼。

这些"小坑"是经过精心选择的，有成为未来发展点或者发展趋势的潜力，将优势人才和资源集中在这里可以抢占先机。"大萝卜"有积累，在经验、资源、人脉上更胜一筹，运用优势可以在最短时间内最有效率地将"小坑"撑成"大坑"甚至"巨坑"，加速公司的发展。

任用、培育骨干人才时，眼睛不能只盯着现有的"坑"，有限的资源很难满足不断上涨的需求，要不断发现、开拓新的机会与增长点。用人者也掌握挖"坑"之道，为骨干人才的升级，以及新一批骨干人才的培养做准备。新人占"坑"，"老人"挖"坑"，在机构内部形成一个良性的循环，如此方能生生不息。

三重目标：士气、业绩、能力

"凡事预则立，不预则废。"

目标是行为的方向，有了方向才有动力和行动。德鲁克认为不是有了工作才有目标，而是有了目标才有工作。骨干人才培养也不可随性，要以士气、业绩、能力为目标，讲策略，更重结果，士气说明心态，业绩证明实力，能力意在未来。

士气决定心态

2016年4月，井贤栋带领蚂蚁金服以45亿美元完成B轮融资，成为迄今为止互联网企业最大的融资纪录。就在融资成功的当晚，蚂蚁金服的CEO向员工发送了一封题为《坚持使命，不忘初心》的鼓舞军心的邮件：

"我们必须时刻提醒自己，我们需要比任何时候都要充满敬畏之心，更加勤勉尽责。因为越深入金融的核心，我们要学习的东西越多，越要尊重金融本质，敬畏与日俱增的责任与风险。过去这些年，我们取得了一些成绩，但我们始终要明白，我们最大对手不是别人，而是自己！"。[①]

士气高涨会形成积极的心态，对事情保有自信和热情，推动骨干人才完成自我驱动，积极主动地推动工作进展，实现最好的结果。

影响士气的不良因素很多，感情、家庭、性格、环境、学习、就业等都

---

① 《接替陆兆禧担任阿里新董事，内部人深扒，原来你是这样的井贤栋！》，网易财经，（http://money.163.com/16/0824/20/BV8R9SU8002580S6.html）。

会影响人的工作情绪和表现。领导干部如何引导骨干人才在工作中保持情绪稳定、心态平和、信心满满,是很有挑战性的。

一般来说,恰当的激励会让骨干人才热血沸腾,积极地去克服困难和障碍,也容易激发出一些奇思妙想。但领导者从外部施加激励有一个无法避免的缺点,即持续性较差,就如药物会有抗药性一样,外部激励的效果也存在随着次数的增加而递减的效应,"一鼓作气,再而衰,三而竭"①。

因此,在激励骨干人才时,要给他们一个梦想,唤醒他们心里的战神,帮他们装上自我驱动程序,实现自我激励。自我激励发乎心,能常伴骨干人才左右,时时让其感受到梦想的召唤,保持士气满满的状态和积极向上的心态。自我驱动为士气"加油"的良性循环才是骨干人才士气无穷无尽的源泉。

业绩证明实力

业绩面前,一是一,二是二,作不得假。业绩有多重衡量维度,时间、效率、数量、质量都是它的考量因素。考察业绩时,需要固定一个维度,然后通过其他衡量因素的变动来判断优劣,而且比较的时间维度需要一致。

业绩重要,但也要避免以业绩定生死。特别是在积累时期,业绩增长可能表现得并不明显,甚至并不会显现出业绩。这就要求领导干部有大格局观,打好提升业绩的基础,不因一池一城的得失而废用骨干人才。

微软公司(Microsoft)以重视基础研究著称,其对研究院的基础科学研究投资规模已远远超越了公司的自身利益,研究院技术体现在每个微软产品和服务之中。

2015年1月微软亚洲研究院所开发的计算机视觉系统技术首次超越了人类的对象识别分类能力;2016年10月研究组又在常见物体图像识别MS COCO图像分割挑战赛中夺得魁首,再次实现了技术里程碑式的突破……

---

① (先秦)左丘明,《左传·庄公十年》,《曹刿论战》。

一个坚实的研究环境对奠定产业实力和企业整体发展是至关重要的，微软对长期研究工作的支持有助于技术人员完成更具前瞻性的研究，为他们在研究周期中付出的耐心、时间与毅力提供平台。与此同时，也保证了微软集团的产品、服务质量和水平，为业绩增长提供强有力的保障。

任何机构的存在，短期业绩是必要的，是维持运转的生命线，而长期、未来的发展则更重要，它决定了一个单位、组织能在未来走多远。培养、任用骨干人才时，对于其创造未来业绩的能力也要给予足够关注，给他们时间去验证。

能力赢在未来

领导者在培养、任用骨干人才时，要对其进行"通才"培养，注重学习能力、应变能力、领导艺术、企业家精神的培养，使他们成长潜力更大，带领组织走得更远。

凤凰网 CEO 刘爽本是美国杜克大学的法学博士、纽约执业律师，然而他的职业路径却没有禁锢在律师行业，而是在媒体行业华丽转身——自 2001 年加入凤凰卫视，在十年的时间里他领导凤凰新媒体在纽交所上市，成为中国第一个在海外上市的媒体；成功整合凤凰网、手机凤凰网及移动客户端、凤凰视频三大平台，成为全球领先的跨平台网络新媒体公司。

骨干人才的能力培养并不仅限于当下，而要把重点放在多重能力的整合与建构上，放眼未来。不仅需要学习提升自己的专业能力，更要注重培养凝聚、影响他人的能力。

晨兴中国 TMT 基金的刘芹认为，"创业者要具备两个核心能力：一个叫以身作则的犀利杀手气质；另一个是有传教士能力，能聚一帮牛人。" "杀手气质"说的是当公司发展遭遇瓶颈时，创业者需要随时提刀上阵，大刀阔斧的改革——"就跟打仗一样，你要拿下这个山头，就要有在百万军中取上将首级的能力"。① 即便不专业，但要永远拼杀在第一线上。"传教士能力"——深入思考和能影响到什么样优秀的人跟你一起的能力"。正所谓"三人行，必有我师"，你跟谁在一起往前走，才是问题的关键。"②

　　唯变不变。骨干人才要有应对突发状况和适应发展的能力。不断地学习提升自身，做好充足的知识、能力储备。骨干人才最后是要走上重要岗位的，组织团队，形成和谐的团队氛围都需要卓越的领导能力。尤其是在互联网时代，许多骨干人才最后都成了事业合伙人、公司大平台上的创业者，因此，创业家的素质也必不可少。

---

① 《晨兴刘芹：创业者要有杀手气质》，腾讯科技，（http://tech.qq.com/a/20150614/011838.htm）。

② 同上

第六章

缔造高绩效队伍

团队像人一样,应不断进步成长,是一个生命体。

——宁高宁　中国中化集团公司董事长

长短搭配：发挥组合优势

在撒哈拉以南的非洲,人们可以看到一对奇妙的组合:鳄鱼与燕千鸟。它们一个凶猛,一个纤细;一个生在水里,一个飞在空中,生活空间不同、体型不同、习性不同,却互惠互利——鳄鱼游出水面时张大嘴,发送给燕千鸟信号,当它饱餐一顿后,就呼唤燕千鸟停驻在大口中觅食兼剔牙缝。

二者强弱有别,却长短互补,合作无间,是发挥组合优势的典型案例。团队建设也是如此。高绩效的团队并不是要求每位团队成员都是精英或领袖,而是要能在团队中找到自己的准确定位,并与其他成员之间实现良好的搭配与合作。

一个木桶的最大盛水量是由其中最短的木板决定的。相对于木桶,团队更像是一部精良的机器,大齿轮和小齿轮都是必需的,甚至少了一个小螺丝钉、小按钮都无法实现运转。两个高瓦数的灯泡放在一起,耀眼得看不清任何东西。团队合作最注重的不是自身有多亮,而是团队每位成员之间能长短搭配,发挥组合优势,让大众看到团队整体有多闪亮。

团队成员之间的搭配,主要表现为四种类型:能力搭配、知识搭配、经验搭配和个性搭配。

能力搭配

美国"曼哈顿工程"原子弹计划虽然由爱因斯坦提议，其领导人却是名誉难以与之比肩的物理学家奥本海默。

爱因斯坦在科研上有着卓越才能，但生活能力不足，平时外出也会常常忘记回家的路。奥本海默的科研能力虽然无法与爱因斯坦相比，但凭借出色的组织才能，作为学界内行人组织开展原子弹计划却是最优人选。由此，爱因斯坦的学术能力加上奥本海默的组织才能，带领美国跨入了原子能时代。

能力搭配是指团队内部成员之间在工作能力上的差异与搭配。就团队职能来说，一个优秀的团队需要决策者、组织者、执行者、反馈者和监督者：决策者负责做决定，必须精明果敢；组织者负责团队协调，必须灵活圆润；执行者负责具体实践，必须务实坚决；反馈者负责收集反馈，必须机敏迅速；监督者负责团队监督，必须明察正直。

领导者在构架团队之时，要寻找"各司其职"的成员，让他们的能力在团队里得到发挥，同时又能相互配合，形成能量更为巨大的合力。

知识搭配

1995年的一天，新东方创始人俞敏洪来到加拿大，与北大的好友徐小平相隔十年再次相见。在一连几个通宵的聊天中徐小平问俞敏洪："你都这么有钱了，还追求什么？"俞敏洪感慨地说："还缺少崇高感！"听到这句话的徐小平，内心颇具波澜——翻涌着一直以来对祖国的热爱和对留学事业的执著。

与俞敏洪畅谈之后，徐小平决定再次回国，"我觉得应该把多年的经验传给学生们，我不愿意有更多的人在出国深造路途上不断地走着弯路。"1996年，徐小平加入俞敏洪的新东方团队，他以自己的知识结构创立新东方咨询处，着眼于签证面试服务，并始终把服务重心放宽到学生的人生发展上，挖掘学生潜能，规划人生选择——这同时也成为了新东方精神与理念之一。

知识搭配是团队成员之间在工作所需的知识背景、认知结构上的差异与搭配。社会分工出现之后，工作所需要的知识也被分化，胜任不同的工作需要具备不同的知识背景和结构。知识大爆炸也使具备各类知识的全才型人才存在的可能性几乎为零，知识更新的速度和范围已经远远超越了人类学习知识的速度和范围。

如此一来，寻求合作就是一种性价比最优的途径。领导者在构建团队时要充分考虑到团队成员知识背景和结构的搭配与多元化，不能单纯地追求学历背景的高大上，而要从实际情况出发，寻求接地气的高大上。全球化的时代，具有国际化视野和知识背景的人才炙手可热。走向国际也要从自身情况出发，熟悉本土情况，具有相关知识背景的人才同样需要。两者搭配更能发挥组合优势，立足实际"走出去"。

经验搭配

2006年，52岁的王伯庆在西南财经大学的一间闲置教室里开创麦可思公司。王伯庆起初觉得投资人是看好他的创业潜能，所以进行了投资。直到几年后，人家老实地说，"其实也不是看好你这个创业，而是看你这么大岁数还创业，就是有点儿感动才冲动地投了。"掌门人虽然年过半百，但独特的企业文化却吸引着有想法的年轻人。

麦可思团队中是一群和王伯庆一样富有热情的理想主义者，很多都毕业于世界名校，有的甚至连毕业典礼都没参加，就拎着行李走进公司大门。这些有创想的年轻人在公司内部组织话剧社、体育俱乐部。校园式的开放与参与文化吸引了人才，事业本身的重大意义又留住了他们。

老人在告诫年轻人时，常说："我过的桥比你走的路还多。"这是阅历丰富的长者从自身经验出发给年轻人的警诫。在一个团队里，经验老到的成员和资历尚浅、甚至毫无资历的人都需要占有一定的比例。富有经验者可以提供经验借鉴，使工作少走弯路，缺点是冲劲儿和创新性不足。资历尚浅的成员有一定经验，同时还拥有一定的创新性，是团队的中坚力量，对于团队的稳定至关重要。毫无资历的成员富有"初生牛犊不怕虎"的冲劲儿和热火朝天的干劲儿，接受新事物、新思想的速度要更快，却又缺乏经验，一旦方向出错，南辕北辙的冲劲儿只会让目标越来越远。

领导者合理地搭配富有经验和资历尚浅、毫无资历的成员，保持团队经验、稳定与活力的平衡，站在过去的基础上向前冲，既不走弯路又能保证平稳的团队向上、向前发展。

个性搭配

20世纪70年代，由于市场需求不断扩大，耐克公司（Nike）的老板菲尔·奈特（Phil Knight）意识到公司迫切需要一个有运动激情、懂策划、谈判能力强的人执掌管理。后来他发现了斯鲁谢尔绝对是最佳人选——奈特做事善于抓大局，而斯鲁谢尔则精于细节，这一宏观与微观的结合，使得斯鲁谢尔成为"奈特的另一半自我——他与奈特虽然不相像，却具有神奇的互补作用"。这一搭配使得耐克在80年代初超越阿迪达斯公司（Adidas），夺得世界体育用品行业的榜首。

这是一则《管理学》经典案例——团队搭配1+1不等于2，有可能大于2或者等于零。这个案例说明团队成员之间要注重个性搭配和互补就能产生"1+1>2"的效果。对于职场人士来说，团队成员是每天工作中相处时间最长的人，而成员之间的脾气秉性与双方的磨合与合拍极为重要。每个人的成长背景、周围环境各不相同，形成了迥异的行为方式、生活习惯等个性。在每天的工作配合中，降低负能量，提高正能量，需要团队成员在个性上相互磨合与搭配：外向与内向、健谈与寡言、急性子与慢性子、温和与暴躁……个性千千万万，领导者在构建团队时就要考虑成员之间个性磨合的可能性与程度，避免不能磨合造成的团队不和谐、负能量爆棚等。

注重团队成员个性的长短搭配，发挥组合力量非常重要，但领导者在构架团队时，还要注意明确团队成员的整体目标。如果团队成员无论在哪个方面都能实现良好的搭配，却没有明确的目标，你往东，他往西，还有人往北，注定是一盘散沙，会快速地崩溃瓦解。明确的团队目标对团队成员是很好的指引，可以聚集全体成员的力量，让他们劲儿往一处使，力往一块儿发。在此基础上，考虑团队成员的人员构成，职能分工，能力、知识、经验和个性的长短搭配才有意义，切不可盲目地聚集一群人，然后采取放养模式让他们各自为战，自求多福，这对实现组织目标毫无意义。

制衡分享："权、责、利"顶层设计

"我要把整个公司变成很多小的创业公司，让员工有创新的激情和条件。"

2014年，梁建章出手"拆散"了创立15年之久的携程。在他看来，大公司应该借鉴初创期小公司的做法，鼓励小团队的独立性和自主性，同时保证其资金支持和激励体制，以提高创造力和竞争性。携程拆分成大事业部、事业部和更小的创业单位，大事业部像是一个独立运作的公司，事业部和更小的创业单位则实施内部创业。对拆分之后的各"部件"，梁建章充分授权，配置资源，让每一个"部件"拥有技术和很多事务的决策权；同时以目标责任制来考核，设立估值、期权等激励方式。他的"分家"让携程更上一层楼，"我们携程这一两年的变化非常大，其中主要一点就是从组织机构上把很多职能分散了"。①

梁建章改组携程，并非一"拆"了事，撒手不管，而是在将大公司拆解成更小的创新单元后，给予充分的信任、授权和创新空间，让其自由发挥；如果只给做事的义务，不给做事的权力，掣手掣肘，只会一事无成。

---

① 苗绿、王辉耀：《世界那么大，我们创业吧》，中央编译出版社2016年版，第136—137页。

在"枷锁"中享受"自由"

北京香格里拉大酒店餐厅里曾有过这样的故事：

一名顾客对他点的牛排不满意，便叫来服务生提出意见。服务生礼貌地听完，吩咐厨房按照顾客的要求重新烤制一份儿送来。在这看似平常的服务正体现出香格里拉酒店在亚洲进行的一次最广泛、最深入的革新：企业权力下放。对此，集团总部的理念是，"我们希望员工在与顾客打交道时，就做出决定，这可能是很简单的事情。当顾客抱怨时，服务人员应主动解决问题，而不是说，'我要去问我的主管'。这是我们承诺实现的一个简单观念"。①

观念虽然简单，实施却不容易。一般而言，在亚洲文化——尤其是中国文化中，员工通常会迅速服从主管，向上报告问题。香格里拉通过建立机制来实现权力下放，将授予的职权限定为一定金额，比如，当一个员工与顾客打交道时，如果他不是管理人员，就有一个规定的金额，无论是什么花费方式，只要员工觉得那样可使顾客满意，便可以支配它。

2017年初，中信集团旗下中信股份、中信资本两家公司和美国投资基金凯雷集团以161.41亿港元收购麦当劳中国大陆及香港业务，并在两地获得20年的特许经营权。

与个人权威相比，现任中信资本控股有限公司董事长兼首席执行官、全球化智库（CCG）副主席张懿宸更坚信团队力量。他曾分享过自己秉承"充分信任、充分放权、出事兜底"的团队管理理念。在投资决断时，他一般仅仅从宏观判别是否直接否定掉特定行业，从而作出市场的行业判断，之后再对值得深挖的行业以及合作方做判断，这一切的依据并非"眼光"，而是基于事实的数据。

投资一家公司之前，张懿宸通常会先派驻专业团队进行调查，团队调查报告作出后内部开会讨论。曾有一次，为对一家连锁幼儿教育企业进行投资

---

① 《消除恐惧，下放权力》，世界经理人网站，（http://www.ceconline.com/hr/ma/8800020802/01/）。

尽调，中信资本的调查团队竟然跑遍该公司旗下70多家幼儿园中的60余家。在这一过程中，张懿宸也是仅从宏观趋势上把握项目进展，必要的时候出面争取项目而已。在诸多数据中，他最看重利润率与增长速度，所做投资多为控股权投资，此外亦强调合作。"我从来都是主张和气生财，很少和人打起来，或抢项目，能一起做的就一起做。"他在工作中充分信任团队的力量，不同业务部门的员工交叉分享各自的专业知识，能够使得整个公司运转效率更高。[1]

当然，下放权力并不意味着全权放手，管理者要给予员工一个"发挥的框架"。

北欧航空公司前总裁詹·卡尔森（Jan Carlzon）这样定义公司的框架："我们首先要保证安全，其次是准时，第三是其他服务。因此，如果你不顾飞行安全，准时起飞，那么你的行为就超出了你的权限框架，同样，如果你为了两箱饮食服务的肉而没有准时起飞，也是超出你的权限框架。这就是我说的框架的含义。你给予员工一个框架，在那个框架内，你可以放手让员工发挥。"

领导者在构建团队时，要懂得权力下放的重要性，给予团队与目标相匹配的权力，让他们放开手脚施展抱负。权力下放也不是完全放手，领导者要掌握好度，量事赋权，既能方便做事，又要防止权力滥用。

一支队伍要像一个人

有句话说，"一个人要像一支队伍"，反过来，一支队伍也要像一个人。

果壳网的组织方式很像内部创业，"整个公司内部的创新力量比较足，大家的想法需要一个释放的地方"。部门结构是以项目制整合，每个项目二三十人，负责管理一个独立的产品，决定权下放给项目负责人。创始人姬十三、CTO、COO等五个人组成评审委员会，每三个月召集一次，共同讨论各个项目，"我们的评审标准其实和大公司在外面看创业项目差不多"。

---

[1]《红色PE贵族张懿宸：像黑石那样不单打独斗不念独食》，网易财经，（http://money.163.com/13/1101/09/9CJ7O58M00253G87.html）。

项目制管理卓有成效,"在项目制下,我们产生了非常多的项目,保证员工在一定范畴内能够施展拳脚,而不是单靠依赖管理层拍脑袋"。①

果壳网项目制的团队构建模式让责任更加清晰化,评审委员会三个月评审一次的机制则又将责任片段化,不至因为时间线拉得过长,导致团队成员责任感的弱化。责任是团队的使命感,难以量化,而果壳网"以成败论英雄"的结果导向实现了责任的量化,团队可以通过评审结果来比照自身责任完成的效果和程度。

权力下放是自上而下的信任,责任则是团队自下而上的回馈。团队构架之时无疑是想做成点什么,何时做成,做成什么样子?这些都是团队的责任。责任是团队向上的压力和动力,敦促团队做出成绩,证明自己。

阿里巴巴的掌门人马云曾说,"如何使每一个人的才华真正地发挥作用,我们这就像拉车,如果有的人往这儿拉,有的人往那儿拉,互相之间自己给自己先乱掉了。当你有 1 个傻瓜时,很傻的,你会很痛苦;你有 50 个傻瓜是最幸福的,吃饭、睡觉、上厕所排着队去的;你有一个聪明人时很带劲,你有 50 个聪明人实际上是最痛苦的,谁都不服谁。我在公司里的作用就像水泥,把许多优秀的人才黏合起来,使他们力气往一个地方使。"②

领导者在构架团队,明晰团队责任时要让成员意识到,责任是每一位成员共担,不能割裂开来,更不是团队组织者或核心成员"独享"的。分工要清晰,责任却不宜"各自为战",成员不只是团队的螺丝钉,不能只关心自己的职责,要有大局观,从团队的整体利益出发考虑问题,每个成员都不是单独的个体,而是相互构成一个整体的存在。因此,领导者在评判团队时也要将其作为一个整体来看待,有功一起赏,有过一块儿罚,从外部推动团队成员形成团队的责任意识,共担荣辱。

---

① 苗绿、王辉耀:《世界这么大,我们创业吧》,中央编译出版社 2016 年版,第 172 页。

② 《马云:男人的胸怀是委屈撑大的》,新华网,(http://news.xinhuanet.com/foto/2014-07/10/c_126734007.htm)。

要让员工、兄弟们活得有尊严

美国心理学家道格拉斯·麦格雷戈（Douglas Gregor）在《企业中的人性面》（*The Human Side of Enterprise*）提出了两种截然相反的理论：X 理论和 Y 理论（Theory X and Theory Y）。X 理论认为人天生懒惰、消极怠工、胸无大志，而能激励人积极工作的途径唯有经济利益；Y 理论认为人并不讨厌工作，而且渴望通过工作发挥才能得到认可，因此可以通过有意义的工作安排让团队成员获得尊重，满足自我实现的需求。不管是 X 理论还是 Y 理论，团队成员都需要一种来自外部的认可，第一种是经济的；第二种是心理需求的。

权力与责任在团队激励中属于"形而上"的层面，共同利益则更实质性。

作为娃哈哈的"大家长"宗庆后日常生活颇为低调俭省，他从杭州赴义乌办事坐高铁二等座，还与小朋友愉快地聊天，言谈举止丝毫没有富豪的架子。宗庆后重视员工的利益，尽职尽责地守护着每一位"家庭成员"。宗庆后在管理上推行"家文化"与"强势开明"并重的管理理念，关心员工的生活和家庭，在住房、子女入学等问题，这体现了宗庆后这位"大家长"的责任与担当。①

重视公司共同利益的不仅仅是哇哈哈，顺丰速运快递员的高工资是业界出名，5000～6000 元的月工资很平常，有经验的 10000 元也不算高。总裁王卫在一次的顺丰年会上，亲自给优秀的快递员颁奖说道："谁是顺丰最可爱的人，就是快递员。"随后鞠了 90 度的躬。

京东 CEO 刘强东去宿迁分公司视察工作，因为员工宿舍条件差大发雷霆。在员工宿舍样板间里，一个宿舍住 4 个人，有的是 6 个人。每间房的卫生间全是蹲坑，马桶上面是淋浴。刘强东当场提出："京东的员工宿舍，每间最多只能住两个人。所有工作满三年以上的员工，每人单独房间。要让员工、兄弟们活得有尊严！"②

---

① 苗绿、王辉耀：《那些年，我们怎样创业》，中央编译出版社 2016 年版，第 263—264 页。
② 《刘强东不满员工宿舍太小：要让兄弟们活得有尊严》，凤凰网，（http://v.ifeng.com/news/society/201702/01115f04-8655-4e81-9f28-19aa57b5a146.shtml）。

切实的共同利益能够建立起成员对团队最基本的归属感，情感关怀则更进一步地建立起成员对团队的情感认同，让归属感更为牢靠。在经济报酬与团队成员付出匹配的基础上，要注重对团队成员的情感投入，动之以情。

北京王府学校校长王广发曾说自己每周、每月都要给员工开大会，将自己的理念、思想和正能量传递给员工，并以身作则，带领员工沉下心来，不急不躁地认真做事儿。领导者构建团队时，要注重培育团队的共同理想，在顶层设计上给成员以指引和规划目标。好的领导者能带给团队成员成长，顶层设计体现的就是领导者的远见以及能给成员成长的指引，并让成员于顶层设计中看到自身的未来发展和价值。

权利、责任、利益与团队的建设与成长息息相关，而决定团队最终成长方向和高度的是更为重要的顶层设计。顶层设计做不好，权利、责任、利益的分配不可能长久地持续下去，更不可能达成最终的结果。

沟通执行：创新思维、方式、工具

有研究表明，团队管理者 20%—50% 的工作时间都在从事语言沟通，如果把文字沟通也包括进去，那么沟通时间会占用团队管理者 64% 的工作时间；团队成员则每小时有 16—46 分钟从事沟通工作。哈佛大学的一项调查显示，在被调查的 500 名遭解雇的职员中，82% 的人是因为沟通不良导致工作不称职。

因此，有效、高质量的沟通是顺利达成目标的基础，要缔造高绩效的团队就要保证团队沟通的频率和时间。

反向思维：回归"一对一"沟通

在这里我提出重新回归"一对一"沟通，也许有些人会觉得奇怪，因为"一对一"沟通看似好像没有什么高效率可言。但是这里的"一对一"有个秘诀——以员工为中心的"一对一"会谈，而不是领导和上司。沟通的形式可以不加以固定，目的是解决紧迫存在的人际关系问题、交流创新的想法、或者倾诉内心的质疑。

"一对一"沟通是英特尔文化的一部分，也是激励员工的一种方式。英特尔非常重视公司内部沟通体系的建设。在英特尔总部，专门设有一个"全球员工沟通部"，促进英特尔沟通体系与团队发展。英特尔的"一对一面谈"制度，帮助公司与员工之间就工作期望与要求进行沟通。英特尔员工深有感触地说："关键还是要善于沟通，不要处处都要老板来找你谈工作，而是随时和同事、老板保持一个非常顺畅的沟通关系。"

曾任诺基亚全球 CEO 的史蒂芬·艾洛普（Stephen Elop）上任伊始，便在公司内部社交平台上表达加入诺基亚的喜悦，同时传达倾听员工心声的意愿。他不仅收到了上万点击和千条回复，还带动更多的员工加入这场互动中。因为这场互动最难能可贵的就是史蒂芬本人真正的参与讨论。这对诺基亚的员工来说，真正能够实现与管理者直接进行沟通了……

在《创业维艰》中本·霍洛维茨（Ben Horowitz）提出"一对一"会谈

的话题：

——"如果我们还有进步空间，你认为该从哪方面着手？"

——"那你所在部门的最大问题是什么？为什么？"

——"在这里的工作中，哪一点让你感到不愉快？"

——"公司里谁最优秀？你最佩服谁？"

——"假如你是我，你会作何调整？"

——"你这个产品的哪个方面不尽如人意？"

——"你对这里的工作满意吗？"[①]

员工在"一对一"沟通中应该有较大的时间裁量权，这样能够使得员工明确感受到以自己为"中心"的会见安排。领导者可以让员工实现告知见面的时间，以便给他们留出回旋余地。会谈时，领导者应做到"少说多听"，现在很多企业在会见时都是员工在听上司"夸夸其谈"，恰恰好颠倒了主次。

创新方式："交互式"沟通

我们大多数都知道这样一个多人参与模仿动作或是传递故事的游戏：在经过几轮的传递之后，第一个人做出的动作或讲述的故事，往往传到最后一个人那里时已经面目全非。团队沟通中也存在这种现象，说话人心里的构想如果是100%的话，表达出来可能就只剩80%了；接收者的这80%再传导出来的时候，因为知识背景等的限制可能就只有60%；以此类推……传递到最后一个人没被漏掉的可能就只剩关键词了。这就是沟通漏斗，内容总会在传递的过程中漏掉一些，沟通效率存在由上至下逐渐降低的趋势。

现代企业中由于受到级别的限制，因此普遍的沟通模式是逐级传递，但是领导者的意图往往在经过多层传递到达执行人的时候发生偏差。许多执行者实际上并不明白怎么做，为什么做，甚至理解成了和上级相反的意图，南

---

① ［美］本·霍洛维茨：《创业维艰》，中信出版社2015年版，第198页。

辕北辙。

因此顺序线性的交流模式可以增加一部分互动成分，交互式的沟通模式尤为必要。比如公司要报批项目，可能需要按照批示顺序而行，跑十多个政府部门盖章才能最终获批。但如果通过联网办公，实现十几个部门集约互动，从而减少层级信息递减效应，合并消耗时间。

对高绩效的团队来说，沟通与执行都是不可或缺的。沟通可以在团队内就绩效目标达成一致，明确团队目标；执行则让绩效目标最终得以落地。沟通不是聊天，而是有效的信息传递，团队沟通更是如此，需要构建有助于沟通的氛围，有效的沟通方式，让成员之间都能高效地理解沟通的重点。执行也不是盲目的各自发力，而是在沟通且做好准备的基础上，简洁高效的达成目标。

创新工具：云办公技术

互联网技术的发展，极大地丰富了大众沟通交流的渠道和方式，团队领导者应该顺应时代潮流，从团队成员的性格特点出发，创新沟通交流的渠道和方式，引导团队沟通交流的多元化和活跃性。

Google Docs 是聚焦云办公应用技术，提供在线文档、电子表格、演示文稿服务。

Office365 推送和订阅"新闻源"的功能，允许用户相互关注其他的员工、文档和网站，增进同事之间感情的交流与沟通。

Imo 电子公告信息可以快速下达；电子考勤取代传统打卡；以图形化方式分发员工座位，让新员工更快与公司各个员工熟络起来，告别"最熟悉的陌生人"现象。

……

云办公平台的沟通方式不仅包括如邮件、短信、传真等这些传统方式，也支持文字、表情、语音、视频等线上沟通方式，实现公司统一平台、统一通信。云办公提供多种轻量化日常办公应用，帮助企业摆脱烦琐、低效率的工作方式：文档云存储、永不丢失；企业邮箱让企业拥有域名邮箱、支持全球邮件收发；出差、报销、请假、采购、付款、订单、公文、投诉、报告等流程审批随时处理；视频会议角色包括领导、部门经理、普通员工、管理员、应急值班人员和差旅员工，几乎囊括了所有类型的角色，提供更广泛的互动。

在新一轮科技革命，全球工业4.0时代，云办公成为一个新的趋势。它通过云计算为技术模式，对文档进行编辑，带来公司组织内部人员的协作和沟通，成为升级沟通执行模式的利器之一。

第七章
创造人才磁场效应

首先要说服大家认同共同的理想,而不是让大家来为你干活。

——马云 阿里巴巴集团创始人

组织平台:成就人才的舞台

选人、育人、用人很重要,但选得再好,培训得再牛,用着再顺,留得住才是硬道理。要留人,加强平台建设,实现单位、个人的共同发展才是良性、可持续的留人策略。如何才能将单位的平台打造成如启明星辰那样的系统化立体平台,成为人才考量之后的最终落脚点呢?

锻造平台吸引力

品牌、行业地位的吸引力是固定而强大的。

微软、百度等互联网行业的翘楚能吸引一流的互联网人才,原因就在于它们的行业地位就立在那里。这样的地位意味着它们可以为人才提供行业内最先进的技术设备、最丰富的资源、最前沿的资讯信息以及与最优秀的人才共事的机会。

当然,行业内的翘楚只有屈指可数的那几家。对于非世界500强和创业公司,领导者就要从行业前景、单位发展愿景出发,帮助人才认清行业形势,以及单位未来在行业内发展壮大并迈入排头兵行列的可能。

搜房网创始人莫天全曾说,"我们做事情要做到一定的地位,做企业要做到垄断。我们做绝对的领头羊,最好后面连羊都没有,所以要做到绝对的典型。我常常对公司里的同事说,你一定不要有竞争对手,一定不要让对手长大。你要做强,做到只有你一家。"

启明星辰CEO严望佳则有个著名的"六匹马理论":

(1)送给员工的第一匹马是行业前景,是为员工描述网络安全行业的现状和特点以及未来的发展前景;

(2)送给员工的第二匹马是公司,是勾画一个公司发展的前景,告诉他们启明星辰的现状以及未来,让那些关注自己前途的员工充分地了解公司,取得价值观上的认同;

(3)送给员工的第三匹马是上司,员工的上司将参与到招聘员工的过程当中来,让员工在来到公司之前就和其上司进行有效的沟通,愿意共事就留下,不愿意共事公司会提供另外的选择机会,这样员工就能从上司那儿看到未来的工作氛围;

(4)送给员工的第四匹马是商圈人脉,我们会为员工提供更广阔没有天花板的舞台,让员工参与到公司的经营中来;

(5)送给员工的第五匹马是能力,公司对新来的员工进行系统培训,让员工在很短的时间内就能学以致用;

(6)送给员工的第六匹马是执行,所有的条件公司都为你提供了,最后能否真正成功还在于员工个人如何做。

启明星辰的"六匹马理论"兼顾了当下、未来、发展与成长,为人才打造了一个立体化的系统平台。行业前景与单位前景折射出的是人才的未来,清晰的未来与定位会激励人才自发地向上与成长。上司与人才朝夕相对,是人才感受公司氛围与价值观的直接源头,认同或不认同很大程度上来源于对直接上司行事方式的判断。

"登高而招,臂非加长也,而见者远;顺风而呼,声非加疾也,而闻者彰。"[①] 其中奥秘就在于选对了"平台",站在了高处,顺着风向,才能尽显。

[①] (先秦)荀子:《劝学》。

平台带来的除了视野的广阔之外，还有信息与资源，这些都是足以改变甚至扭转人才命运的因素。所以，相较于薪酬、待遇等诸因素，平台对人才有着更为致命的吸引力。

在工作中学习

苹果的"天才吧"员工在正式入职前会经过14天的入职训练，内容包括"使用诊断服务""组件隔离""移情的力量"等，不仅要求员工具备一个"天才"的行为和特性，还要求让顾客感受独一无二的苹果商店之旅。

永动机已经被证明是不符合现实的，"只出不进"的消耗对人才和单位都不利。培训对单位是个机会，在人才的思维、意识中植入单位的认知、理念，保持双方的价值观在同一维度上，工作中就能分享共同的价值和目标。

培训要与时俱进，知识、信息更新和传递的速度都在不断加快，对人才进行前沿知识、信息的培训，可以保持人才对行业动态的掌握，避免在工作中出现不合时宜的错误，或是落后于时代。

谷歌 Google EDU 以一种数据分析为基础方式让公司内部的学习趋向正规化，依托于数据分析方法，采用员工对管理人员的评估回馈制度，然后再依此进行课程筛选。当员工进入不同的职业发展阶段时，例如迁往另一个城市和加入新团队，公司会使用统计方法来收集以往和现阶段的员工相关数据去向管理人员量身推荐一些新课程。

培训要结合单位的实际需求进行，从长远可持续发展来看，培养骨干团队和后备梯队非常必要，因此，在组织培训时要根据公司发展对人才的需求进行领导能力、管理能力等方面的培训，提升人才能力的同时，为单位的发展培养人才梯队，兼顾人才进步与单位发展。

在人才培训方面，最需要注意的是：培训不能流于形式，要注重效果——这是所有培训工作的落脚点，也避免"接受培训"成为员工的负担。

交流、理解、碰撞

在单位中，每个个体都相互联系，彼此之间有效、融洽的氛围会形成一种拉力，将人才越聚越紧，通过交流互通有无，形成知识、技能、经验等的共享，思维、想法的碰撞，以击出意料之外的火花。

微软、IBM、联想等大公司都有导师制，从专业角度帮助新员工提升工作能力。被选为导师的人一般都是公司的中高层管理干部，负责从工作、生活等多方面为员工提供帮助，解答他们在工作中遇到的疑惑，也会实时疏导他们的心理郁结，帮他们快速地融入公司氛围和企业文化。

有一个在 IBM（中国）公司工作 5 年的员工，每周都要给远在美国的导师打电话。因为对 IBM 的员工来说，5 年是一个选定今后发展方向的关键时期，即，选择成为专业人士还是管理者。这段时期，远在美国的导师给了他不少建议，帮他解决了不少困惑。针对"导师制"IBM 还有一个"反导师制"新理念，即年轻人给老员工做导师，将技术理念、新颖观点和视角带给"老人"。

帮助人才搭建的融入、交流平台可以是同级别、同部门内的，也可以是跨级别、跨部门的，核心是让人才交流互动起来，真正发挥平台的作用。除了内部的交流、共享之外，单位还要与人才共享单位的外部资源和人脉。只有通过与人才分享人脉，让人才参与人脉维护，才能盘活这些资源，对单位和个人一举两得。

培训对人才是福利，对单位是发展的持久动力来源，人才的稳定对单位的稳定发展是必须的，而培训解决了人员的稳定与知识的更新之间的矛盾，实现了"旧瓶装新酒"的效果。执行是人才自身能力的发挥，人才找平台是为了有用武之地，单位选人才的最终目的是借人才之力更上一层楼，执行是人才与单位的对接点。

事业空间：人才和组织的双赢未来

人才是单位发展最基本、最重要的资源，在人才竞争日益激烈的当下，如何提高单位在引才、留才方面的竞争力，是企事业单位人才工作的重头戏。相对于外在的物质因素，破除人才发展的玻璃天花板，拓展人才的事业空间，用事业留住人才是根本之策，也是企业和人才的双赢。

人才更看重事业发展的未来，那是个人价值最直接、最重要的体现，是人才的未来，也关系着单位的发展。人才与单位是个体与整体的关系，人才在单位提供的事业平台上施展才能，证明个体的价值，平台越宽广深邃，人才的职业发展就越广阔长远。作为容纳个人的整体，单位的发展要依靠人才来实现，助人助己，单位为人才提供事业发展平台，也就是为自身发展提供动力。人才积极构建自身事业，实现个体价值，证明自己的过程与企业发展的过程是同向的。因此，单位要为人才提供事业平台，鼓励人才提高职业技能和专业水平，将自己的职业发展与单位的未来前景结合起来，融小我于大我，实现个人与单位的双赢。

不管是从留住人才，还是从企业自身发展来看，给人才充足的事业空间都是单位需要大力挖掘的点。事业发展空间是随着人才的职业发展而不断变化的，需要因时因人而做出适当的调整。当然，也有一些规律性的东西是普遍适用的。

人才晋升空间

英特尔的经理经常会与员工谈论他们的职业发展方向，了解他们的职业定位，而且对于合适的人才，即使他们当时没有合适的职位，也会创造条件专门为人才设立岗位，发挥才能。英特尔公司的职位空缺有20%是通过内部招聘来选择继任者的。内部招聘的继任者熟悉公司的流程与文化，能更好地融入公司，更重要的是晋升机会让人才看到事业发展的可能性，对人才是最好的激励，从而能更好地为单位奉献才智。

麦肯锡管理咨询公司曾对A.P.马士基公司的人力资源进行了研究，得出了一个有趣的结论：贵公司之所以成为全球性领先者，主要归功于两点：第一是具有全球性最棒的竞争力，能够发现正确的人才，并进行内部人才与领导者的选拔与培养；第二是在丹麦的HR组织当中，在所有区域CEO当中，贵公司的人力资源做得是最棒的，总能够找到合适的人才，吸引来并留住他们。

A.P.马士基公司在人力资源方面表现出的优势，很大程度上得益于他们的内部升职渠道。A.P.马士基公司的人才流动性小于10%，远低于竞争对手们。如果高管层需要人才，一般不会从外面找，而是直接从公司内部提拔。因此，领导干部在拓展人才事业空间时要善于利用晋升机会激发人才的热情和潜力。

晋升机会是事业发展很重要的衡量标准，也是很多人跳槽的背后原因。让人才站在同一起跑线上，用结果来衡量奖罚、升降是最有说服力的。相对于用空降人才来填补职位空缺，内部招聘更能激发人才的潜能。

开放、包容、自由

奇虎360曾推出一款智能设备"智键"，广受好评，产品从设计到推广只用了151天，产品经理竟然是个入职一年左右的"90后"。入职公司这么短的时间就可成为产品经理，奇虎360的用人之道可谓大胆，年轻人也用成绩回报了公司提供的自由与开放的环境，并收获了自己的成长。在这里，年龄、资历、经验都不会成为束缚人才施展才能的因素，他们给了人才充分的自由去发挥想象力和创造力。被认可的成就感反过来会激发人才生出更强烈的斗志和证明自己的需要。

年轻人正在成为职场和消费的主力，他们最了解自己的需求，也最知道怎么满足这些需求，给他们证明自己的空间就是给单位发展机会。管理者在用人时，要更加开放、包容，充分地信任年轻人才，给他们想要的舞台，让他们去"折腾"，结果往往会给人惊喜。

蔡元培执掌北大之时，提出的"思想自由""兼容并包"办学方针，奠定了北大开放、包容、自由的基调，开启了北大的辉煌时代。"海纳百川有

容乃大"，接纳了才能了解，才有立场去决定取舍，而不是被过往的经验所束缚，困在经验之国里被时代抛弃。

在全球化的时代，多样化的信息、思想扑面而来，在这样的背景下成长起来的年轻人才，开放、包容、自由早就融合在他们的血液中，他们思想"奇异"，行事"乖张"，"天马行空"又极富创意。因此，对于年轻一代人才来说，开放、包容、自由的环境有着更深刻的吸引力。

事业平台还要给予人才试错的机会，以包容的心态看待他们的失败，鼓励他们振奋精神再次崛起。"纸上得来终觉浅，绝知此事要躬行"，跌倒了不可怕，怕的是不敢去走、去试，这样的人注定成不了人才。

人才磁场：看不见的吸引力

"明天的商业竞争与其说是技术上的挑战，还不如说是文化上的挑战。"德鲁克在《卓越的管理者》中写道。

企业文化是一个由组织价值观、信念、仪式、符号、处事方式等组成的特有的文化形象，它会形成一个看不见的磁场，却是薪酬、待遇之外最有效的留人手段。舒适、合拍的企业文化会形成融洽的磁场，吸引人才凝聚。

企业文化是单位与人才之间的黏合剂，可以让单位与人才、人才与人才之间的距离越来越近，将人才的心聚在一起，凝在一块，力往一处发。这对于人才个人价值的实现和企业的长久发展都非常有益。薪酬、待遇水平可以被轻松地超越，心理上的亲近感、归属感和凝聚力则很难建立和突破，而且还具有相当的韧性。

文化整合与融入

普华永道战略合伙人约翰·朱利安（John Jullens）认为，中国公司要想在全球价值链中取得更好的地位、在价值链终端实现更好的成功，必须要从思想上转变,要了解当前的情况、市场地位,适应海外环境。"文化的整合不成功会造成冲突。"

其实,文化整合与融入不仅仅体现在走出国门的跨国公司中,很多时候,在企业内部文化的整合与融入也是十分必要的。

福耀玻璃集团董事长曹德旺先生,分享企业治理经验时曾说,"企业是人做的,中国企业进入一个异域市场要学会热爱本土文化,尊重本土人民。每一个员工的背后,都是一个家庭。"

2014年,福耀兼并美国玻璃巨头PPG伊利诺伊州福耀芒山Mt.Zion工厂,面对PPG拖欠工会一笔增加时薪的"旧账"。按照合同,本可以解雇原有的工人重新招募。但曹德旺先生却说,"在福耀来之前,这个工厂属于在这里工作数十年的工人,我也同当地工人一样是从打工者开始的,没有家族财富,也没有政府背景,是彻底白手起家的,福耀应对工人充满尊重。老板和员工是利益共同体,不是对立的,不能搞对立,应积极和当地工会沟通。"最终福耀履行了5年前PPG对工会做出的加薪承诺,保障了本土员工的权益。

曹德旺认为,企业对外投资来到新的国家,应该谦虚一点,学会做好"配角",特别是在劳工问题上,更应该褪去一些"民族主义",多一些尊敬和包容。企业文化不是死板、冷硬的纸上文字,而是内涵于行动当中的暖心细节。正是这些简单而又深入人心的细节,让员工自愿参与企业文化建设,企业"家"文化塑造也由此提上日程。

重视"关键时刻"

北欧航空公司前总裁詹·卡尔森提出著名的"关键时刻"(Moment Of Truth,MOT)理论,主旨是在每一个"关键时刻",要给对方留下一个特别美好、深刻的印象,这样不论下一次做事情也好,或者大家处关系也好,都会有非常好的开端。

智联招聘把该理论引入人力资源管理中,在选、用、育、留等关键环节,人力资源部都会及时给予员工关怀,比如在员工子女出生时,会以公司的名义送出一份礼物，哪怕是婴儿车、尿不湿等，员工都会感觉很好；此外，还会在人才的"关键时刻"帮助他们，让对方感觉到公司的关注，也愿意为公司创造更多的价值。

此外，古语有云：爱屋及乌。人才的亲属也成为企业文化的重点关注对象，亲属路线能让人才更深刻地感受到自己是被重视和被认可的。而且联络与人才亲属的感情，争取亲属团的支持和认可可以增加单位与人才家庭的黏性，更好的达到留住人才的效果。

"千里送鹅毛，礼轻人意重"，单位对人才的关怀亦是如此，关怀的形式是次要，将关怀的情感及时传达出去才是核心。对于每一个人才个体而言，人生的"关键时刻"并不多，而在那些节点上得到的情感印象却是最强烈了。企业文化建设要将范围放宽到八小时以外，让人才在工作之外的时时刻刻，特别是在"关键时刻"，也能感受到单位对他们的尊重与重视。

与人才"结盟"

雇主与雇佣者的关系是微妙的。旧有的雇佣关系是建立在一种心照不宣的忠诚度基础上的——提供终身工作以换取忠诚服务，只有退休才能将雇主与雇员的关系分开。公司人才仿佛登上了一架自动扶梯，只要在公司里按部就班的完成工作任务，工龄的增加就必然带来晋升。而如今，企业开出的合同给予双方一定期限的关系框架，以提高自身的灵活性。

"这是一笔生意"成为了双方对雇佣关系的主要认知。由此，在雇主与员工的联盟关系中，雇主应向员工传达一个道理："只要你给公司带来价值，公司就会让你更有价值"。贝恩公司（Bain & Company）的首席人才观拉斯·哈吉（Russ Hagey）曾"许诺"给员工："我们将让你（在整个劳动力市场上）更抢手"。[①] 而员工则需要告诉雇主："如果在公司我的事业能够发展壮大，

---

① ［美］里德·霍夫曼、［美］本·卡斯诺查、［美］克里斯·叶：《联盟：互联网时代的人才变革》，路蒙佳译，中信出版社 2015 年版，第 10—12 页。

我将帮助公司发展壮大。"因此，新时代的雇佣关系中，雇佣者可以公开地谈论公司能够为员工提供的个人投资和回报；员工则可以坦率地谈论他寻求发展何种经验和技能，双方开诚布公追求两者在雇佣期限内的双赢利益最大化。

医家讲究对症下药，留住人才也是要对症施策，从人才的所思所想出发，才能真正的了解他们的需求。及时的了解人才的思想变动，职业发展规划就能提前做好准备，在人才的职业发展与单位发展之间找出一条最优的结合路线，兼顾个人与单位两方的利益，避免人才流失带来的两败俱伤。

下篇
人才成长路径

第八章

成长，永远不会太晚

在未来人才的竞争中，个人唯一拥有的优势，就是比竞争对手学习得更快。

——彼得·圣吉（Peter Senge）　美国麻省理工学院教授

重新思考：扣好人生的第一粒扣子

2014年，习近平在北京大学和师生交流时曾说，"这就像穿衣服扣扣子一样，如果第一粒扣子扣错了，剩余的扣子都会扣错。人生的扣子从一开始就要扣好。"人才之路的第一步是培养优秀的价值观。扣好第一粒纽扣，其他纽扣才能"对号入座"，树立良好的价值观，才能将自身才能与经济、社会发展的需求相结合，在实现社会价值的同时实现个人价值。

人生的路很漫长，秉承正确的价值观念，态度端正，行动正确，走下去就会顺畅许多，概括起来就八个字：勤学、修德、明辨、笃实。

勤学：下苦功，求真知

2015年1月，赵厚麟正式赴任国际电信联盟秘书长，成为国际电联150年历史上首位中国籍秘书长，也是第三位担任联合国专门机构主要负责人的中国人。而就在他高票当选国际电信联盟秘书长的背后，透露出他"无比寂寞的勤奋""不怕吃苦""笨鸟先飞"的苦功。

上学期间，外语作为选修课有十几位学生选修，只有他和少数几人坚持下来，功夫不负有心人。1986年，赵厚麟以其精通的英语、法语、西班牙语和日语基础，被邮电部选拔推荐，录用为国际电信联盟国际电报电话咨询委员会秘书局专业职员。工作期间经常为准备会议通读整理五百多份会议文件，每晚工作到深夜。入职后，七年之内完成了"三级跳"——从P2级第一级别工程师做到了专业职员最高的P5级，他成为国际电信联盟标准化局聘用的成立以来首位中国籍终身职员。[①]

作为刚刚入职的新人，你觉得自己的工作索然无味？工作了一两年的自己，没有提升，也没有突破感？在这些问题里面，如果你的回答为"是"，可能预示着你要开始学习了。

在很多行业中，从业者都一直处在与最新科技知识赛跑的状态之中。如果在职场中我们长期感到处于停滞不前或安逸状态，就有可能患上了"职场学习匮乏症"。

在经济新常态下，互联网经济高速发展，各种理论知识创新层出不穷，青年人唯有勤学勤思，方能保持日新常新，跟上新时代的步伐。在知识经济不断发展，产业结构重新洗牌的今天，是否能够及时更新自己脑容量中的储备知识，跟上时代发展中信息的更新换代，是维护职场生命力的关键战略。

然而，脱离了学校这一环境，职场人若想保证学习的有效性，则更加需要有高度的计划性和自律性。由此，克服自身惰性和拖延症，养成看书写作的习惯就成了职场人的必修课。当然，这些还是不够的，学习，不论在校园还是在社会与职场之中，都要具备吃苦的精神。这一点毋庸置疑。

改革开放后，我国历史上的"那三届"（77、78、79级大学生）是个特殊的群体，他们勤奋、坚韧并且执着。1977年，他们抓住"恢复高考"这根救命稻草，以平均不足5%的历史最低录取率获得上大学的机会，重返校园后加倍努力地找回"文化大革命"中"被耽误的十年"。

1976年，王绍光在学校农场中白天耕地、种菜、放牛、基建，晚上在煤油灯下读书、思考；陈建功听说自己被北大录取的时候，还在山脚下筛沙子；

---

① 《赵厚麟高票当选国际电联秘书长的背后》，新华网，（http://news.xinhuanet.com/info/2014-10/24/c_133740179.htm）。

张隆溪下乡三年，就着用墨水瓶做的一盏煤油灯的微光，读西方文学选段；1977 年，熊晓鸽是湖南湘潭钢铁厂刚出徒的电钳工，恢复高考消息传来，他向工厂请了两个星期的假，以拼命三郎的方式日以继夜地复习备考……

勤学，是他们扭转命运通往成功的法宝。"那三届"们经历了生活的磨难，生发出一种对待生命的紧迫感和使命感，争分夺秒，勇于追求，不甘沉沦并百折不挠。今天，不论在校园还是在工作岗位上，我们面对的是一个终身学习的时代，《财富》杂志公布的"中国商业领袖国际化调查"显示，"学习型"人才不断提升自我修养，适应时代所需。

修德：讲道德，重修养

"德"是一个人的全方位综合品行，体现在家庭生活、人际交往、工作态度、思想觉悟等方方面面的社会活动当中。"德"通常可以分为两个层面：社会道德与职业道德。中国古人崇尚修德，把德行操守放在做人做事的首位。今天，"德才兼备"也是评价人才的核心标准。

陈欧在做聚美优品时，已经经历过一次创业失败，但他继续将徐小平投给他用于第一次创业的 18 万美金作为聚美优品的股权。这样，"陈欧建立了一个信用体系，虽然我暂时失败了，但是请你相信我这个人。他其实已经获得了人生中最重要的一个东西，就是信用卡"。对此，徐小平评价道。

龚海燕在创办世纪佳缘时，曾找网友借了 8 万元，虽然对方表示这钱是送给她的，她却在世纪佳缘上市时，用 IPO 的价钱折算还给了对方，8 万元变成了 8000 万元。

"首先是人的品德很重要，一些虽然会暂时得到利益，但有违法律、道德和行规以及你的潜意识不能做的事情，一定不要做，要有自己的原则，可以总结为小胜靠智，大胜靠德。"爱奇艺首席执行官龚宇如是说。[1]

---

[1] 王辉耀、苗绿：《世界这么大，我们创业吧》，中央编译出版社 2016 年版，第 139 页。

硅谷创业教父保罗·格雷厄姆（Paul Graham）[①]曾明确地发出论断："人品不好的创业者难成大事！"其论据有三：第一，行为卑劣会让人变得愚蠢，沉溺于竞争，事实上创业成功的方式是跑在前头，而不是停下来和对手搏斗；第二，卑鄙的老板会雇到人与他一起工作，但最优秀的人才会选择另谋高就；第三，驱动人成就伟大事业的深层动力是一种仁义精神，协助他克服万难，迈向成功。

蔡元培先生说过："若无德，则虽体魄智力发达，适足助其为恶。"修德，是每个人才个体成长中的永恒课题，是成就大事业的深层基因。所以，在依赖创新创造而非抢夺稀缺资源以获得成功的当今时代，人品和成功直接挂钩，而且不仅仅适用于创业领域。"小成靠智，大成靠德"，"德之不修，行之不远"，这些闪烁着中国智慧的隽语穿越千年时空，在大洋彼岸和当今科技时代依然闪烁着光芒。

明辨：明是非，善抉择

北京王府学校校长王广发对"国家兴亡，匹夫有责"有着独到的理解："人人有责，有的有大责，有的有小责。责不可均等，能力大的承担大责，能力小的承担小责，但是不能不担责。"在企业经营实践中，他把"责任"二字作为坚守的至高标准。

在选择企业转型方向时，他说，"我有两种检测：一种是商业上的检测，先预测这个领域好不好，是否有商业利润支持我下决心投入；一种是个人良心上的衡量标准，就是这个产业到底对别人、对社会有多大的帮助。我选择的都是为社会、为国家造福的事情"。追逐经营利润时，他说，"企业经营当然要获取利益，但获利前提是依法合规，不做对国家、社会和他人有损的事情，另外还要考虑到各攸关方利益"。

[①] 程序员、风险投资家，被誉为"全球最牛的风险投资家"、"撼动硅谷的人"，YC 创业孵化器的创始人，从 2005 至今已投资了多达 200 家创业公司，改写了创业家和硅谷投资者之间的旧秩序，塑造了创建技术公司的新范式。

一个人如果缺乏对社会伦理和善恶是非最基本的分辨能力，即便智商再高、能力再强，于社会和他人都无所助益。合格的人才要有明察秋毫、辨别是非的能力，不仅要懂业务，还要明事理。是非明，方向清，路子正，付出的辛劳才能结出果实。面对世界的变化、信息的冲击、社会现象的光怪陆离，许多人疑惑、仿徨、失落，若能学会思考，善于分析，正确抉择，做到稳重自持、从容自信、坚定自励，自然就能作出正确判断和选择。①

人生漫漫，明辨是非的能力决定了一个人最终能否成长为有用的人才。这除了需要以勤学、修德作基本功，还需要敬天爱人，有利他之心，这是超越行业和国界的"真理"。当不抱着一己之私心去看待事物时，自然能做出正确的判断。一个人要真正成才，能力、适应力、创新力等固然重要，**明是非，辨善恶**，保持头脑清醒，却是他立得稳、靠得住、走得正、行得远的基石。

笃实：落实地，讲实效

联合国原副秘书长沙祖康曾经这样形容日内瓦："看似是平静的花园城市，实际上是个尸横遍野、血流成河的地方。"

他对自己的工作设定，仿佛每天醒来就要开始打一场硬仗一样：在岗位上二十多年没休过假，没有周末，到日内瓦的前4个月是凌晨四点钟睡觉，8点钟上班，一直到现在，他还是固定在凌晨两点钟才休息。接触过沙祖康的人都知道，他的脾气横，"沙氏风格"在工作中一以贯之。"天下没有累死人的活，只有气死人的活。就是说要有充分的准备，我们还是要练功夫，要有内功，才能把自己工作搞好。"

他坚信脚踏实地工作的力量，他常常吃了饭，除了做一些流汗运动，就推掉一切社交，什么也不干，一门心思放在思考工作上。沙祖康在工作中的认真与踏实是出了名的，他有一句名言："工作里的事，哪怕它是耗子，在

---

① 改编自习近平：《青年要自觉践行社会主义核心价值观——在北京大学师生座谈会上的讲话》。

我面前跑过去，公的母的我全知道，谁也别想糊弄我。"

"工作就好比在墙上钉钉子，钉不到固定点上，钉子要打歪；钉到了点上，只钉一两下，钉子会掉下来；钉个三四下，过不久钉子仍会松动；只有连钉七八下，最后这颗钉子才能牢固。"① 这个小比喻生动地告诉我们日常工作中的落实原则。若不多"钉"几下，浅尝辄止，任何事业都很难成功。

2011年，耶鲁大学毕业的秦玥飞，到湖南省衡山县贺家山村做了村官。他拉赞助，跑资金，兴办水利、敬老院，推进农村教学信息化、基础设施建设，做基层司法调解等，是村民们的"耶鲁哥"。三年任期届满，他换到同县福田铺乡白云村继续做村官。他认为自己做得远远不够，说："'大众创业，万众创新'，但什么是大众，什么是万众？城市里面只有少数人，中国绝大多数的创业者还是在农村。"

2015年，他发起黑土麦田公益组织（Serve for China），旨在用国际化的视野、互联网化的方法解决中国农村的现实问题，期望通过互联网公益平台募集资金以满足农村的创业融资需求，探索如何把农村的创业环境变得更好、融资变得更容易；和全国最大的农村B2B电商一亩田合作，建立电商平台，增加农民收入；尝试普惠金融，为农村老百姓们建立了一套个人征信体系。

在"80后"的海归中，秦玥飞做出了出人意料的选择，投身农村，深扎进去，了解农村，并引领着知识和资本进入农村，他以实际行动书写新生代海归根植中国底层大地，脚踏实地实现知识分子公共服务和创新创业的大情怀。

修其心，治其身，而后可以为政于天下。把干事业的基本点落到自我修养的完善上。换作今天，就是要把树立正确的世界观、人生观、价值观作为干出一番事业的先导行动。对于渴望成才的年轻人，勤学、修德、明辨、笃实在实际生活中并非各自孤立，而是构成一个健康、完善人格的有机整体步骤。

---

① 习近平：《之江新语》，浙江人民出版社2007年版，第241页。

天马行空：理想始于"妄想"

人才的先决条件是要敢想，但是"敢想"当然不是空中楼阁式的天马行空，而是在时代基础上的"妄想"。"妄想"是个雏形，可能在他人看来是个笑话，但实际上却是值得打造的璞玉。人才要在"妄想"的平台上构建自己"理想"的轮廓与图景。

人才的"妄想"并不是好高骛远，而是领先时代半步的先见之明。走在时代之前的"妄想"是引导人才走向成功的标杆。理想始于"妄想"，而要将"妄想"升华成理想，需要有社会责任感，不"知足常乐"，放大格局视野，富有冒险精神和理性相信自己。

正视你的价值观

新千禧年，中海油在香港准备上市，按照当时国际惯例，上市后的中海油改革了薪酬制度和期权制度。作为高管，傅成玉拥有改造后的期权和董事袍金，一年下来有1000多万港币。这些钱虽然是董事会批准的，又是经国家财政部报批的合法收入。但是傅成玉仍坚持不拿这个钱。

"因为拿了就带不了队伍，我们的历史和西方不一样，西方一开始就私有制，我们是公有制，公司财富是我们全体员工共同创造的，不能因为上市，我们的待遇就几十倍，甚至上百倍高于其他工人。你要想继续带这个队伍，继续想在这个平台当领导，就不能拿。所以我们捐出去了，还是按国家给我们多少我们就拿多少。"[①]

最终，上市后的中海油工资由公司会计汇入另一个账户集体管理。当傅成玉离开中海油时，其上市公司个人账户里董事袍金有9000万元港币。

在中国石油化工集团公司原董事长、党组书记傅成玉的身上，我们看到

---

① 《"另类"傅成玉的信仰》，《中国企业家》2016年第16期。

了国企高管人特有的定力和价值观。社会责任感听起来有点大，难免被人说讲得太虚，但其实不然，在今天，精致的利己主义者正在成为一种风尚，他们"没有超越一己私利的大关怀、大悲悯，责任感和承担意识"①，而只专注于自身。作为社会中流砥柱的人才，更应该心怀家国天下，对人类命运有着一种使命感和责任感。

2015年9月，中科院院士施一公出任清华大学副校长。2016年12月，他与张辉和王坚等向习近平总书记联合发起倡议的"西湖高等研究院"在杭州正式成立，他受聘担任首任院长、生物研究所所长，面向全球招募科研人才。在他的教育观念里，"大学，尤其是研究型大学，就是培养人才的地方，是培养国家栋梁和国家领袖的地方"。他期待通过和学生的交流、沟通，让清华学生能够风华正茂，立大志，敢担当，能够真正作为一个清华精神的传承者出现。

另一位读了法律、金融、新闻传播三个专业的清华人，在"奇葩说"节目中询问高晓松，自己毕业时该做什么，高晓松面对这位学弟不禁有些恼怒了："一个名校生走到这里来，没有胸怀天下，问我们你该找什么工作？你觉得你愧不愧对清华十多年的教育？！"

在家国天下的背景下，人是渺小的，也并不是每个人都能背负起这份沉重。人才作为社会的精英，有关爱社会与他人的能力，只有承担起了这份责任，将个人的"妄想"融汇于社会责任之中，个体才能找到落脚点和生存的意义。

不"知足常乐"

金杜律师事务所创始人王俊峰在加州大学伯克利分校读博士期间常常"不务正业"，上着学时就经常为了创业往国内跑，一次回美国见导师，导师问，你不好好留在学校写论文，在忙什么？他回答，在忙金杜的工作，金杜现在

---

① 钱理群教授语。

已经是中国最大的律师事务所了。

  导师说：你知道吗？在美国，最大的事务所不一定是最好的！这句话让王俊峰忽然间清醒，意识到自己不能止步，因为未来的路还很长，目光应当更远。

  东方人性格内敛，在为人处世的过程中，经常会以"知足常乐"来安慰自己。这无可厚非。中国人的历史文化就告诉我们做人做事的"中庸道理"，即所谓，致中和，不偏不倚。

  职场中"知足"也能常乐吗？好像不一定。

  搜房控股董事长莫天全曾说，"网络媒体只能做老大。做老大很舒服，做老二很辛苦，至于老三恐怕很难生存。"他这样形容企业要"不知足"。

  1998年，毕业于斯坦福大学的杨宁告别了留在美国工作的舒坦日子，回到国内在后海一间平房里，成立了一间公司。"新浪、搜狐、网易、腾讯"，杨宁在黑板上写下这几个字，又在后面加了"空中"。"我们以后将是和它们齐名的公司！"杨宁说道。2004年，29岁的他带领空中网登陆纳斯达克，成为最年轻的上市公司总裁。

  的确，从个人物质享受来说，赚再多的钱，夜眠不过三尺，一日不过三餐，要懂得知足常乐；而自然界的生存规律本来就是"优胜劣汰，适者生存"，懂得发现自己的野心，正视自己的野心，释放自己的野心，在职场中争强好胜，何罪之有？

  年轻人要懂得给自己找"不自在""不舒服""不知足"。知足常乐是一种精神慰藉，让人安于现状的舒适；而人才则要给自己"找碴儿"，"找不自在"，永远让自己有上进的空间。

开放你的"格局"

  高瓴资本创始人张磊的投资理念是要找到"具有伟大格局观的坚定实践者"，因为他相信建立在伟大格局之上高瞻远瞩的洞察力和高屋建瓴的战略眼光。格局的宽广能让人不犹豫"小门小户"，即使身处偏僻之地，也能在胸中"指点江山"。

现任全国政协副主席、欧美同学会原会长韩启德，大学毕业时被分配到陕西临潼最艰苦的农村公社当一名"赤脚医生"，历时十年之久。

著名风险投资家汪潮涌来自湖北大别山的农村，却是最早进入华尔街工作的内地留学生之一。

浙江横店集团创始人徐文荣本是山区一个只有高小文化的农民。

李山出生于四川威远县的小山村里，在清华成为第一批免试研究生，后赴美留学，与经管学院院友莫天全于1999年一起建立了搜房网。

……

出身艰苦、环境闭塞、天赋普通等，这些都不是借口。心态开放，走向开放，才能摆脱这些客观限制。

格局不大，会困于眼前利益；视野不广，会困于盲点，一叶障目不见泰山。大格局大视野，追求的是人生的高度与质量，将自己与世界联通，站在世界之巅看自己。

全球化时代，放大格局与视野才能够对时代发展、国家政策、市场行业、周围环境有深刻的洞察力和敏感度，进而更好地规划人生，把握机遇。在笔者所接触的海归群体当中，能成为"金龟"和"精英"者，多半是在决定留学之初就已在心中有了自己的格局与谋划，对未来的发展和人生定位有了清晰的认识，并在留学的过程中积极融入全球化，与世界合为一体。成为"海待"者，多半对留学较为盲目，随大流的成分居多，留学的过程中过于注重文凭，而没有打开自己的格局和视野，最终无功而返，国内待业。

敢为天下先

世界银行前高级副行长兼首席经济学家林毅夫当年敢从台湾的金门战地泅渡到大陆；英仕曼集团中国区主席李亦非，一个女孩子当年敢带着50美元去美国留学；1998年，张黎刚放弃即将获得的哈佛医学博士学位，回国跟张朝阳打拼创办搜狐网……

从经济学的角度来说，风险跟收益是成正比的，风险越高收益越大。为了理想而冒险是值得的，奋力一搏，冲破险阻去争取理想实现的机会。

"我喜欢的企业家首先要有冒险精神"，蓝山中国资本的创始合伙人唐越在选择投资的时候如是说，"投资本身就是一件高风险的事情……习惯于这种不确定性的环境，喜欢这种不确定性，就是我们的兴趣"。

冒险精神首先要打破思维上的因循守旧，敢为天下先，做第一个吃螃蟹的人。理想是人才的信仰，毕生的追求，为了这重要的存在放手一搏是非常值得的。而且冒险的同时还能激发人才的潜能，释放更强大的能量，取得意想不到的结果。

2001年6月，即将博士毕业的韩小红收到一份特殊的生日礼物，这是一盘录像带，记录着"北京慈济门诊部"开业的情景。然而半年后回国时，迎接她的是个亏损严重、经营不善的门诊部，韩小红有心创业，却面临着艰难选择：左手是301医院令人羡慕的工作待遇，右手是举步维艰的企业和自己的人生理想。更多的压力和阻挠则来自家长和亲朋好友："医生是胶皮饭碗，……那都是人人所瞩目的，所以你要是出来，我不同意！""别放着好好的工作，跟着下海瞎折腾！"……然而，反复思考后，韩小红依然放弃了手中这个来之不易的"胶皮饭碗"。比起安逸的生活，用所学去改变医疗现状更让她心生向往。2014年，作为健康体检的"第一个吃螃蟹者"，她创办的慈铭体检已经覆盖了中国四十多个城市，每年让近四百万人直接享受到便捷的健康管理服务。

人生处处都隐藏着冒险，上班族会面临失业的风险、企业家会承受破产的风险、医生承受手术失败的风险、律师面对官司失利的风险……但我们需要明白一点：这些风险给我们带来的是危机，危机中却隐藏着成功的机会。具备为理想而战的冒险精神，敢于在危情之时放手一搏，更是促使我们理想落地的高质量催化剂。

给"妄想"打个草稿

阿尔卡特公司中国区前副总裁刘江南说过:"不要把世界上所有的冒险都看成壮举,其实这背后隐藏着许多精巧的计算,只是不为外人所知而已。"因此,冒险并不等同于愚勇,而蕴藏着大胆略。

比尔·盖茨辍学创业,在当时的其他人看来是风险极高的,但在他自己看来,风险是很小的,而且是自己可以控制的,因为创业是他已经深思熟虑的事情,也是衡量过"妄想"成本与风险的事情,因此才去创业的。

理想始于"妄想",但"妄想"不能是不着边际地空想,要有与现实链接的纽带。"妄想"还要有所计划,不能盲目。

瑞尔齿科创始人邹其芳曾谈到,创业初期"所需要的是把握最核心的能力:你要打造一个什么样的企业,做这个事情的目的是什么,是不是想打造一个长期发展的企业。有了这个想法以后,你才会知道如何做事情。"

他将企业的发展比喻为人的成长,"企业的成长和人一样,有自身的周期,不可能指望两三岁的小孩就成为奥运冠军,所以做企业也不能太急功近利。"

不论做什么事情,想要长久就不能着急,不能浮躁。有理想而不妄想,需要理性地看到自己和现实,"盲人瞎马"的自负是最要不得。

因此,相信自己的前提是要理性地看待自己,将自己放在客观对象的位置,理性地评价自身的能力、条件、优势、缺点,在此基础上衡量理想与能力的匹配程度。建立在这一基础上的理想和自信才是牢靠和具有实现可能的,切不可盲目,制定对自身来说过于远大的理想,并沉溺其中无法自拔。

人才要树立远大理想,同时也要为理想付出汗水,突破现实和限制抵达理想的彼岸。人才要为自己架构切实可行的理想,对虚幻的空中楼阁说"不",否则理想难免流为妄想。实现理想需要整合多种资源,人才一定不能囿于所见所感,要联通自身与世界,与大趋势大潮流融为一体,在世界中找到自己的"妄想"和位置,然后向前努力。

始于足下：做个务实的冒险家

青年人有朝气，有冲劲儿，积极向上，充满活力，但也难免心高气躁，眼高手低。在成才的道路上，青年人需要克服自身的劣势，完成蜕变。青年人做冒险家不能盲从、盲目，冒险的同时也要学会务实：要学会为人生搬砖，踏实前行，懂得顺势而为，做事情做到极致，再把路走踏实。

要为人生"搬砖"

在《那些年，我们怎样创业》一书中笔者曾经谈及新东方和洪泰基金的创始人俞敏洪讲"搬砖"的故事，十分形象：

俞敏洪一直对小时候自己父亲"搬砖"的事情记忆深刻，因为他发现父亲出门总带一些废弃的砖块儿回家，堆积着很碍事儿。一开始俞敏洪十分不解，后来发现父亲开始动手利用碎砖块儿在墙角开沟挖槽砌砖头。

俞敏洪长大后，逐渐明白了这个搬砖的故事，他说："我生命中的三件事证明了这一思路的好处。第一件是我的高考，目标明确：要上大学，第一年第二年我没考上，第三年我继续拼命'捡砖头'，终于进了北大。第二件是我背单词，目标明确：成为中国最好的英语词汇老师之一，于是我开始一个一个单词背，在背过的单词不断遗忘的痛苦中，父亲捡砖头的形象总能浮现在我眼前，最后我终于背下了两三万个单词。第三件是我做新东方，目标明确：要做成中国最好的英语培训机构之一，然后我就开始给学生上课，平均每天给学生上六到十个小时的课，很多老师倒下了或放弃了，我没有放弃，到今天为止我还在努力着，屹立在北京中关村最繁华处那座闪烁着蓝宝石般光彩的新东方大厦，就是这样建起来的。"[①]

砌墙之前要先捡砖头，这是一个不可逆的过程，没有一年两年三年的积累，

[①] 王辉耀、苗绿：《那些年，我们怎样创业》，中央编译出版社2016年版，第221—222页。

俞敏洪敲不开北大的门；没有一个一个背单词的积累，俞敏洪成不了中国最好的英语词汇老师之一；没有一天一天的上课积累，新东方成不了现在的样子。用俞敏洪的话说就是，"大事业往往也要从小事情一步步做起来，没有做小事打下牢固的基础，大事业是难以一步登天的，创大业者往往都是从小事做起的"，"新东方从来都是一点一滴做事，一步一步把事情做好，做到10个亿用了整整12年"。

现代社会很浮躁，生活节奏加快，让青年人感觉时间不够用，做事儿总是求快。身体走得太快了，难免会把灵魂落下，而不用心是做不出成绩来的。青年人要戒急戒躁，沉下心来，稳稳当当地把一件件小事儿做好，慢慢地聚沙成塔，回头就会发现你也有了自己的"新东方"。

成功的光环总是耀眼的，然而在耀眼之前，它也经历了烈火锻造的磨炼。

2001年10月，章晟曼任世界银行的副行长。西方媒体评价说"中国人章晟曼首次出任世行第二把手，他创造了两项纪录：他是世行史上最年轻的常务副行长，同时是东亚人士第一次担任这个显赫的职务。"

章晟曼在获得任命后回北京，当时国务院分管经济工作的副总理朱镕基看到如此年轻的章晟曼时，对他说"章晟曼，你去世行任高职，是件好事，你要先站住，再站高。""这可是个很高的要求。"章晟曼回答说："请总理放心，我想我有能力站住，我不敢保证一定能站得最高，但我一定会为我们的国家努力的。"

章晟曼曾坦言，自己住过总统套房，也曾睡过猪圈，睡着了感觉都一个样，在哪里睡觉并没有什么不同。"我第一份工作工资只有12元人民币，也没感觉不够花，记得照样能把生活打点得很有条理。"[①] 年轻时吃过苦的他对于物质方面的变化并不在意，苦的时候咬咬牙没觉得艰难，富贵的时候也从容面对。

章晟曼认为用成绩来证明自己是最好的办法。他常常告诫年轻人要有定力，要持之以恒。"如果你的成绩第一次没被人发现，不要抱怨，只要坚持做，

---

① 李莹：《章晟曼：我其实是个很普通的人》，《CEO》2006年7月12日，第7期。

时间长了总有一天别人会看见的。"①

从量变到质变是一个渐进过程，罗马不是一天建成的，章晟曼的故事启发青年人才要耐得住量变的寂寞，踏踏实实积累自身质变的"资本"，等待水到渠成地化茧成蝶。今天走过的每一步都会体现在未来的人生里，人生的大厦很高，因此一定要稳。青年人才在"资本原始积累"的量变过程中不宜操之过急，用力过猛，审时度势地弄清来龙去脉再行动，不抢工、不蛮干，"巧干加稳干"才是人才的成长之道。

懂得"顺势"而为

"江湖不是我们想走的，是社会给我们带来了大的变动，使我们每个人都在江湖里了。"中化集团董事长、党组书记宁高宁如是说。

1978年，还在部队的宁高宁当时很想当作家，就报考了山东大学中文系。但中文系的人数已经满了，便被调到了山大经济系。开学后，他多次找老师申请换专业，但终究无果。没想到一年后，他竟然喜欢上了读《资本论》，也喜欢上了经济学。大学毕业后，他通过公派选拔赴美留学考试，攻读工商管理学硕士（MBA）。但去之前完全不知道什么叫MBA，后来听着听着才开始觉得有趣：美国的经济学都是数学，公式推导型的，与我同去的两个在国内学数学的，在那儿都学得津津有味。

在美国匹兹堡大学读完MBA之后，他回到香港帮朋友收购一家银行。结果银行没买成，人阴差阳错却留在了香港，进了国企"华润"，临危受命负责改造旗下的"烂摊子"永达利。结果这个项目为集团赚回4亿多港元，成为华润系第一家上市公司。自此之后，他的能力在华润释放出来，1999年出任了华润集团副董事长兼总经理，带领华润这样一家巨无霸"软着陆"，转向实业发展。②

---

① 李莹：《章晟曼：我其实是个很普通的人》，《CEO》2006年7月12日，第7期。

② 王辉耀，苗绿：《那三届：77、78、79级，改革开放的一代人》，中国对外翻译出版社2017年版，第371—378页。

现在越来越多的青年人具备良好的教育背景、国际化的视野、多元化的知识结构……他们具备职业素养的同时也带着对现实的质疑和迷茫——缺乏对现实的社会规则的深层次认知，没有理解现实的合理性与历史性，因此有些时候青年人才不免会陷入职业生涯的"当局者迷"。

其实，年轻人大可不必对自己的现存的不理想状态过分焦虑和悲观，应该放松心态，懂得顺势而为。正如宁高宁感慨："如果有人说你的人生要事先设计好，说你的江湖人生就是这样，从小把理想都想好了，然后一步一步去实现，我觉得是瞎扯，没有人能完全按照设计走的，都是走一步不知道，就来了第二步了。"①

金山的日子就是推石头上山，"同事们非常勤勉努力，而且聚集了一群最聪明的工程师。但这家创立了16年的高科技公司，却整整花了8年时间才完成上市。"一边要迎接微软竞争，一边要防御盗版侵权，金山成长之路走得异常辛苦。

那年，40岁的雷军突然明白了一个道理——创业不能与势相悖，一定要在对的时候做对的事情，顺势而为。"人是不能推着石头往山上走的，这样会很累，而且会被山上随时滚落的石头给打下去。要做的是，先爬到山顶，随便踢块石头下去。"2010年，他创办了小米，一年后，顺为资本又在他手中诞生。"顺为"意即"做任何事情要顺势而为，不要强求，不要蛮干"。雷军感慨："顺势而为，当时代性的产业机会来临的时候，浪潮会把你推到最前沿，这个浪潮所具备的力量比你自身的力量多很多倍。"②

在金山的经历让雷军明白了"势"的重要，顺势而不是"顺心"才能事半功倍。青年人才涉世未深，对社会现实颇有微词是常事，"众人皆醉我独醒"的心态也可以理解。然而盲目地自以为是和自我感觉良好，往往会很快被社会"打脸"。

现实并不完美，但它是历史发展的结果，就算要变革现实也要建立在现

---

① 王辉耀、苗绿：《那三届：77、78、79级，改革开放的一代人》，中国对外翻译出版社2017年版，第377页。
② 王辉耀、苗绿：《世界这么大，我们创业吧》中央编译出版社2016年版，第18—20页。

实的基础上，而不是架空的自以为是上。青年人才要脚踏实地，要"接地气"，找到跟现实相处的舒适方式，站在现实的基础上顺势而为，才能颠覆。

把事情做到"极致"

"我们要专注才可以做好一件事情，如果整天只是出点子而不做事，就有可能一事无成。所以，我们要记住，在做事情的过程中一定要专注。"搜房网创始人莫天全一直被媒体认为是国内互联网界坚定不移的极少数人之一，他曾讲过，从毕业到工作创业，会有一个心理上的变化过程，刚开始觉得整个世界是我们的，后来发现世界不是我们的，因为仅仅有想要成就大事业的格局是不够的，还需要踏实专注地去行动、去做事，但是要知道，做事情就得去坚持，做到极致，毕竟一辈子能做好一两件事情就已经很优秀了。

人贵有恒，做事最怕的就是水滴石穿的恒定。《庄子·齐物论》中有一个成语叫作"朝三暮四"，后来多用于批评做事反复无常，常常变卦。青年人才胸怀大志，想要干一份大事业，然而实践总不会像想象得一样顺利，挫折、失败是绕不过去的必选项。面对阻碍因素，青年人才需要的是坚持的勇气，承受失败的胸怀与决不放弃的魄力。

在坚持把事情做到极致的同时，也要专注细节的部分。

北京市委书记蔡奇在工作中十分注重细节的重要性。2016 年，11 月，他在北京地铁 8 号线三期王府井地铁北站施工现场检查安全生产工作时，由于王府井北站的施工情况十分特殊，它位于市中心，是一座全暗挖车站，施工难度大，因而需要对风险源进行全过程、闭环式的管理。在地下 20 米深处的施工现场，蔡奇一道工序一道工序、一个细节一个细节地检查：详细询问在掌子面施工现场的情况，地铁平常的监管模式、最近一次发现的隐患风险出现情况、隐患风险的类型、以及平均每天能发现多少问题等。①

---

① 《蔡奇：地铁建设安全是生命线》，新华网，（http://www.bj.xinhuanet.com/bjzw/2016-11/29/c_1120009622.htm）。

地铁建设难度大、风险点多，地铁建设安全是生命线。要抓风险管控、隐患排查、应急处置，构建地铁建设风险管控体系。蔡奇认为，地铁北京市民最重要的出行方式之一，其风险关乎民生出行安全。因此一直反复强调一定要抓住细节，业主单位、施工单位、监理单位，都要从每一个环节、每一个细节抓起，层层落实责任到岗、到人。注意排查安全隐患风险点，对于风险管控要心中有数，风险点掌握得越具体，越有利于安全管理。多发现问题，及早消除安全隐患，从而落实安全责任。

青年人的事业人生刚刚起步，摆在面前的选择很多，而且每一个看起来都不错的样子，在最初的选择显示"此路不通"时，很多人可能就会另寻他途，忘记了选择的初衷。伟大是熬出来的，青年人才选择目标是要谨慎，深思熟虑，而一旦选定之后则要坚持，不因"此路不通"就轻言放弃，要试着突破南墙，让阻碍为理想让路。

把"路"走踏实

2015年2月原清华大学校长陈吉宁出任环保部部长，情理之中，又在意料之外。他成为我国第一位真正意义上的环境学者担当环保部的掌门人，从系统、全面的角度规划治理我国的环境问题。

陈吉宁一直秉承"脚踏实地"的工作作风和人生态度。2016年11月，地方"急刹车"式的减排方式开始凸显——河北省颁布两个大气污染防治"调度令"；河南安阳等地为达成年度减排目标，对一些重污染企业进行重点治理。陈吉宁面对这些"急刹车"式的治理方式十分不满意，指出环保治理从来不靠蛮干来解决，而更"希望这些地区，能够把功夫用在平时，更有序、更好地来解决污染问题。"

年轻人不论是工作还是成长，都要注重务实。作为清华原校长，陈吉宁曾在2015年毕业典礼上告诫青年学子务实与坚持的要义："平庸与卓越之间的差别，不在于天赋，而在于长期的坚持、持续的投入。""每件事情的起步阶段都很重要，不要因为事情小就忽视它，不要因为是刚开始就不认真去做。

身边的每一件小事都可能是积累未来发展优势的那个机会。"[①]

新时代的青年人才胸怀天下，满腔抱负，"指点江山，激扬文字"，理论学了盆满钵满，唯一的缺憾是缺少实践经验和动手能力。

有一位新员工刚进入华为，就公司经营战略问题，写了一封"万言书"，任正非批复："此人如果有精神病，建议送医院治疗；如果没病，建议辞退。"注解："小改进，大奖励；大建议，只鼓励。"

马云也曾说："刚来公司不到一年的人，千万别给我写战略报告，千万别瞎提阿里发展大计……谁提，谁离开！但你成了三年阿里人后，你讲的话我一定洗耳恭听。我们喜欢小建议小完善……我们感恩你的每个小小的完善行动。"

任正非和马云不接受新员工的大建议也是源于此，作为公司新人，对公司的发展历程和制度的合理性缺乏实践经验，而仅凭想当然提出的大建议必然于公司无益。同时这种不懂融入，专事挑刺的行为也为新员工的能力和素质做了缺失经验且不安心工作的解释。因此，任正非和马云的态度也是一致的。

老子有云："天下难事，必作于易；天下大事，必作于细。"

梁思成也说："学什么都要眼高手高。"

周鸿祎建议："创业公司还不应该把话说得太大，踏踏实实找一个领域，解决一个问题。"

眼高手低被认为是青年人的通病，"四体不勤、五谷不分"，说起大道理来却头头是道。自诩才高八斗，志向远大，却不愿从小事做起；常发"屈才"、"跑龙套"之怨言。说到底，这是内心对自己缺乏正确的认知，虽然受过良好教育，综合素质较高，但从未"上过战场"，"龙套"尚未跑好，就想直接"舞狮"。青年人才不能忽略实践能力的积累，经过实践打磨的理论才具有实用性，也才能成事儿。

[①] 2015年1月，陈吉宁在清华大学毕业典礼上的演讲。

第九章

制订"再成长计划"

如果你想经历光荣的瞬间,就必须果敢。即使这种果敢让你沦落为失败者,也比那些平生从未经历过成功和失败的、碌碌无为的人要优秀。

——西奥多·罗斯福(Theodore Roosevelt)

认清自己:精准定位三标准

人生是一场漫长的马拉松,没有什么不可以改变的,人才的聪明之处就在于能审时度势地制订自己的"再成长"计划,让自己的人生在任何一个点上都有机会重新开始。

策划人生的第一步要认清自己。正确的自我认知是一个人成长为优秀人才的前提。从年少到成熟,每个人都会给自己确立很多人生目标,而随着年龄的增长,有些目标越来越近,有些则变得遥不可及。面对成长的轨迹变化,人生定位与目标也需要随时调整,一份"年成长计划"再完备也不足以适应整个人生的轨迹。明智的做法是不断地更新自己的成长计划,为自己制订人才"再成长计划",以适应自身发展和社会进步。

一个人是否拥有持续不断进步的能力,很大程度上取决于其是否精准地定位了自己,所以人才的自我评估和认知能力非常重要。我们用三个英文单词的首字母"W"作为评价是否认清自己的标准。第一个"W"代表"Who",强调"我"是谁;第二个"W"代表"Where",强调"我"要到哪里去;而第三个"W"则代表"What",强调的是"我"需要做什么[①]。只有弄清楚了这三层含义,才能成为一名有竞争力的人才。

我是谁?(Who)

1985年,田溯宁[②]进入中科院攻读资源管理硕士学位。他报考这个研究生专业是为了有机会饱览祖国的大好河山,事实却非他所愿,分给他的课题是"吴县东山乡胡杨的生态系统研究"。就这样,他花了一年半时间在江苏省吴县"放羊"。1987年,他组织几个同学翻译了艾柯卡的《有话直说》,赚到9000块钱。随后,他赴美国德州理工大学攻读资源管理博士。

后来,田溯宁回忆说,"每当留学特别孤独的时候,我都会回忆起这个夏天,这次创业经历让我感觉到,组织一件事情、完成一个目标、得到明确的经济回报,是一件非常快乐的事情"。

在美国读博四年,田溯宁天天与"草"为伴,研究进化论与良种草。枯燥的研究与重复的生活让他禁不住思考人生的意义,"我始终觉得,研究再好,也跟中国的进步没有关系。在一个商品化的社会里,一个国家的成功不仅在于科学家,也在于企业家。有时候,企业家比科学家更能改善人们的生活,改变这个世界"。他暗暗地下定了要做企业家的决心。

1992年,田溯宁博士毕业前,正逢美国大选。克林顿在竞选期间提出一个刺激美国经济的计划:建设美国国家信息高速公路。田溯宁随后在《光明日报》上刊发长文:《美国"信息高速公路计划"对中国现代化的意义》,呼吁国人开始重视互联网。然而那时中国还没有互联网。他便找到在美国结识的朋友丁健,两个年轻人一拍即合,决定创立一个公司,把互联网技术带回祖国。

2015年,田溯宁被评为"中国留学人员创新创业50人"。他是海归投身

---

① 王辉耀:《在不如意的人生里奋起直追》,江苏文艺出版社2014年版,第87页。

② 中国宽带资本基金董事长。

互联网领域的先行者和优秀代表之一，被誉为"中国互联网设计师""宽带先生"。

20世纪初，弗洛伊德①（Sigmund Freud）将个体拆解成了三个层面："本我"（ID）、"自我"（Ego）和"超我"（Superego）。"本我"表现人类先天的本能欲望；"自我"是人们情绪的表现；而"超我"则体现在价值规范与道德评判层面上。

"我是谁"，就是要认清"超我"层面的个体定位，囊括了人们的自我理想和渴望达到的目标②。"我是谁"是个体对自身成长的追问，伴随着每个人的一生，而它的答案则能帮助个体厘清自己的人生定位、理想和目标。人才更应该时时追问"我是谁"，清晰自己的人生路，不被命运左右，有精心设计自己人生的能力。

从在天苍苍野茫茫中研究牧草的科学家到互联网精英，田溯宁的经历生动地诠释了跨界可以走得有多远。资源管理专业的硕士、博士都已经到手的他毅然转行做了互联网，最终成为中国的"宽带先生"。

舍弃需要大智慧，尤其是舍弃已经走到顶端的一切，田溯宁却做得毫不拖泥带水。原因无他，他从社会发展与周围的蛛丝马迹中对"我是谁"做了新的定位与诠释，在互联网行业里看到了自己的理想与未来。重要的不是过去已经有了什么，或者现在拥有什么，而是未来想要什么，能要什么。人才也要从自身能力和社会现实出发，随时审视"我是谁"，找到答案后，就是坚定地走下去，不随波逐流，不计较"一城一池"的得失，只倾听内心的声音，跟着"感觉"走。

---

① 精神分析学派创始人。
② 林崇德、杨治良等：《心理学大辞典》，上海教育出版社2003年版，第1770页。

我要到哪里去？（Where）

"他的成功是耀眼的、令常人匪夷所思的。"

"他是一个天才、狂人。"

"他从小就知道自己要做什么。"

"他是一个目标极其明确的人。"

他在上大学时就常常思考：这个世界面临的真正问题是什么，哪些会影响到人类的未来？他看好互联网、可持续能源和空间探索，后来进入这三个领域，依次扔下 Paypal、Tesla Motors 和 SpaceX 三个重磅炸弹。他在宾夕法尼亚大学的同学兼室友阿德奥·雷西（Adeo Ressi）[①]说："只要他看好的，他会一直努力，直到达到目标。"

他就是埃隆·马斯克（Elon Musk），现在，他的目标是尽可能减小全球气候变化和移民火星。

海德格尔的向死而生，终结了人们对人生尽头的询问，却不能回答个体对人生意义的追寻。"我要到哪里去？"这是个令很多人迷茫和不知所措的问题，很多人都不明了人生的意义与价值的所在。要成为一个成功的人才，这却是个必答题，而且是事关成败的必答题。

马斯克的目标即使现在看起来仍不免被很多人嗤之以鼻，但他没有动摇，一直在通向他的目标的道路上孜孜前行，在人类的所需中找到自己的价值和一展身手的机会。就目前来看，虽然他屡遇挫折和失败，但他做得还是很不错的。

"我要到哪里去？"的问题总会招来"燕雀安知鸿鹄之志"的尴尬，不被看好，不被理解的踽踽独行，可能是很多人才面临的现实。

人生的路总有一段要一个人孤独前行，找到了目标的人才需要的只是前行，以及不丢弃、不放弃的决心，相信目标就在前方，一定可达。当然，出

---

① 现为硅谷投资公司 Founder Institute 创始人。

发之前，一定要先回答好"我是谁？"的问题，之后便只需要适时地变通和不动地坚持。

我要做什么？（What）

认清"我是谁"，明确"我要到哪里去"之后，就要考虑"我需要做什么"来实现心中的理想。人生定位和目标清晰之后，"我需要做什么"似乎也就不是个难题了，真正的难题是"我能做什么"？"需要做什么"并不牵涉能力问题，只与目标有关，而能做什么则是量力而行的取舍，有自身能力的限制在，"为所欲为"的任性是不现实的。

"目标明确、坚定信念是成功的前提，在困境面前需要坚持不懈。"2015年，在斯德哥尔摩的颁奖现场，诺贝尔奖获得者屠呦呦在致辞中如是说。

"呦呦鹿鸣，食野之蒿"，这位生来就与青蒿素结缘的教授，就是抱着这种精诚努力、持之以恒的态度，在十分艰苦的科研条件下，怀着对中医药的热爱，系统地学习了中医药理论，并整理了历代中医典籍药方，又向老药工学习了中药炮制技术，带领研究团队先后提取了青蒿素，合成了双氢青蒿素等对抗击疟疾效果非常显著的药物。

屠呦呦教授几十年来在研究领域内坚持不懈地努力工作，恰恰说明了想要"为所欲为"地做需要做的事儿，人才需要精诚努力，持之以恒。爱因斯坦曾说："耐心和恒心总会得到报酬的。"成功者成功在坚持不懈与持之以恒上。研究表明，要在一个领域内成为专家需要10000小时的付出，没有坚持与恒心，那将是不可能完成的任务。

坚持不懈是一种气魄，持之以恒更是一种精神。行百里者半九十，有时成功与失败仅仅因为一步之差，你退缩了，可别人没有。不轻易放弃，认清方向，下定决心，即便遇到再大的困难也想办法克服，这不仅是一种能力，更是一种智慧。

忘记过去：接受有益的失败

1954年，德鲁克在著作《管理的实践》（*The Practice of Management*）中首次提出"目标管理"概念，以更好地解决企业现代化发展中遇到的管理混乱、效率低下等难题。2002年，时任美国总统布什将"总统自由勋章"授予德鲁克时，就提到他的三大贡献之一就是目标管理。

"3W"认清自己之后，第二步便是进行目标管理。对于个人来说，要想有一番成就，就要把自己当作公司去经营，具备规划和制定合理目标的能力。上一节中对"3W"的反思，会让个体对人生定位有一个朦胧的方向和目标。接下来，笔者将通过科学的方式，来清晰化个体在目标设定、分解、实施和改进四个步骤中的具体作为。

目标设定

"九层之台，起于垒土；千里之行，始于足下。"[①] 而起台、始行之前还有更重要的事——起什么样的台，去千里之外的哪里。这也就是"再成长计划"中的目标设定问题。如何来设定一个既宏大又切实可行的目标呢？

德鲁克的目标管理精髓就在于制定目标体系过程中要遵循 SMART 的五要素，见图 9-1。

```
                    SMART
                    五要素
        ┌─────┬──────┬──────┬──────┬──────┐
      具体  可量化    可行    务实    时限
   (Specific)(Measurable)(Attainable)(Relevant)(Time-based)
```

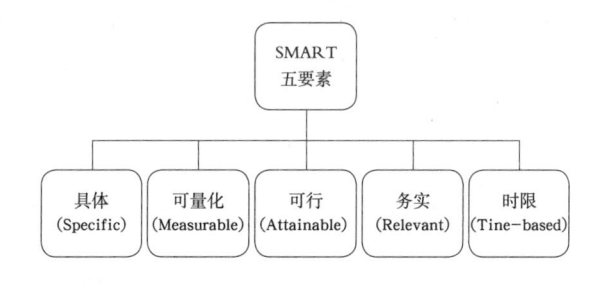

图 9-1　制订目标体系应遵循的 SMART 原则

---

① 《道德经》。

具体（Specific）。目标设定要看得见摸得着，能落地。"我要当大师"这样的目标太过模糊、抽象，落地时找不到抓手，难以起到目标的指引作用。目标的设定需要更加具体，比如"我要做中国汉唐史方面的专家"，这样的目标就具有可行性，制定了努力的方向汉唐史，而最终大目标是精通汉唐史。人才在目标设定上越具体越好，最好能与时间线相结合，从时间角度落实和推进目标运行的各个阶段。

可量化（Measurable）。目标设定要有可供衡量或评判的标准，不一定是具体的数字，也可以是目标推进的不同阶段或是达成的不同目标。人才在设定这些标准时要避免使用"应该""可能""也许"一类的不确定词语，要从可量化的角度出发，尽量提供衡量的参考系。

可行（Attainable）。可行性是目标设定的关键，下笔千言，设想万语，如果只是空中楼阁，那也只是想象中的美好，没有与现实接通的渠道的目标设定是没有意义的。人才的目标设定要以自身条件为基础，社会大环境为参考，制定切实可行的目标和推进步骤。

务实（Relevant）。"鱼，我所欲也；熊掌，亦我所欲也。二者不可得兼，舍鱼而取熊掌者也。"两全其美毕竟是少数，人才在目标设定的取舍上要务实，将想要的和能要的进行明确的区分，不要被外在的光环或条件所干扰，不顾实际的一心只追求"想要的"，而忘记了自身能力以及社会环境的限制。因此，目标设定的务实也不是1+1=2的纯粹务实，还要考虑到自身能力发展的潜力，适当地提高目标。人才要在务实的基础上适当地给自己加压，争取更大的成绩。

时限（Time-based）。"三天打鱼，两天晒网"的效率是不可能快速推进目标实现的，因此在目标设定时要加入时间线，用deadline倒逼目标推进的速度和效率。惰性是人类摆脱不了的通病，deadline是最好的治疗武器。人才要设定时间线，给自己紧迫感，避免时间拖得过长，导致积极性和进取心磨损，目标实现规划搁浅。

目标分解

宏大的目标看起来遥不可及，无形地造成一种无力感。人才在设定总体目标之后，要学会正确地拆解目标，将其分解成一个一个更具现实性的子目标，大而化小，繁而化简，把一个看似经年累月才能完成的宏大任务细化到每个可度量的工作周期，既从心理上减轻了实现终极目标的焦虑，也从实际操作中提高了阶段工作效率。

目标分解的方法大致分为两种："剥洋葱法"（见图9-2）和"多权树法"（见图9-3），把大目标分解成小目标，把小目标分解成更小的目标，直至即时目标，然后，从现在到将来、由低级到高级、由小目标到大目标，逐步向前推进。

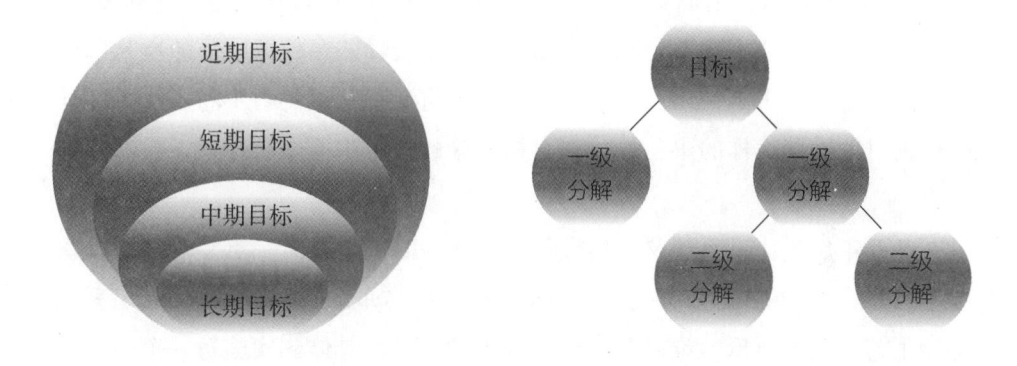

图 9-2　目标分解之"剥洋葱法"　　　　图 9-3　目标分解之"多权树法"

目标实施

1993年，王俊峰刚成立金杜律师事务所之时，客户寥寥，门可罗雀。他与同事每天打宣传电话、发推销传真，不放过任何一笔业务，"只要是案子，不管是钱多钱少，我们都接，就算免费的公益活动我们都积极去做"。渐渐地，金杜成长起来，终于不必为律所的生计担忧。

此时的王俊峰决定去国外学习开拓眼界。在加州大学伯克利分校读博士期间，他利用空闲时间去当地考察金杜在美国的办公地点作为对外的窗口，后来终于在硅谷建立了办公地点。2008年正式成立金杜纽约分所。如今金杜已经成为唯一总部设在亚太地区的全球律师事务所，分支机构覆盖全球多个国家。

2011年，王俊峰被选为中华全国律师协会会长，他豪气万丈地向记者表示：推动中国律师国际化是其任期内重要目标之一。三十年来，他一直在律师行业前行，践行着提供好的法律服务、赢得国内外尊重的目标。

设定好了目标、规划好了细节之后，进一步要做的是一步步将它转化为现实。世界上再好的方案，如果不落实到行动上，都是纸上谈兵。

应当如何确保目标的顺利实施呢？

全身心地投入，不拖延，不怠慢，集中精力，雷厉风行，这就是最好的答案。

人生目标的现实化不是那么容易的事，王俊峰的金杜律师事务所从门可罗雀到站稳脚跟再到冲出国门，一步步地推进是最关键的。不急不躁，在什么样的时期做什么样的事，人才在目标实施的过程中要层层推进，自然水到渠成。

一万年太久，只争朝夕，功夫都是下在平时的，只有一点一滴、脚踏实地地去完成手中的任务，才会离目标越来越近。胡子眉毛一把抓的结果只能是捡了芝麻丢了西瓜，难以在整体上有大的进展。具体到实施每一个阶段性目标时，方法与措施不尽相同，人在青年时遇到的困难与解决问题的方式与到中年时的选择会有很大差异，这是由人的经验和阅历决定的。人在面对不同阶段的目标和不同时期的自我时，要能够做适当调整，因地制宜，以便更合理地完成自己的计划。

目标改进

著名投资人沈南鹏最早想当个数学家。他自幼表现出超凡的数学天赋，从小学起每周要花上两三个小时在少年宫接受系统而严格的数学训练。1985

年,他被上海交通大学教育改革试点班免试录取。四年后,21岁的他带着300美元抵达纽约,进入哥伦比亚大学数学系。然而,在哥大读了一年后,他退学了。

1990年,沈南鹏去了耶鲁商学院攻读MBA,"在哥伦比亚大学我发现自己没有成为数学家的能力,但可以向其他方向发展,譬如证券、商业等。MBA与数学有一丁点儿关联,如果去读医学或法律,以前的积累就毫无用处。"

1992年,沈南鹏从耶鲁毕业,进入花旗银行的投资银行部做新兴市场的债券和股票;1994年加入雷曼兄弟。1996年,加入德意志银行的投资银行部——德意志摩根建富;2005年,他转向投资圈,与红杉资本合伙成立红杉资本中国基金。

沈南鹏在人生的不同阶段,目标也有着相应的调整,这是基于其对自身客观的认识和理性的判断,从数学家到投资人,他的每一次转身都足够华丽与成功。

人的一生中要持续不断地完善自我,更新自我,人生目标也需要根据变化的环境和条件做些适当的调整。在现代社会,人才应该多抽出些时间来关注新消息,了解新观点,跟踪行业走向以及国际趋势,然后对比自己当时的目标设定,反思这一设定是否依然合理,有没有落伍,进展是否过快或过慢,是否需要调整等问题。

管理好一个目标是一项复杂的系统性工程,哪一个环节出了状况都有可能导致整体目标推进遇阻。这就需要人才随时对自己的目标保持审视和反思的态势,在制定、分解、实施目标的过程当中保持灵活性。

再次瞄准：以终为始，再出发

史蒂芬·柯维（Stephen R. Covey）在《高效能人士的七个习惯》（*The Seven Habits of Highly Effective People*）中提出"以终为始"，意即先想清楚目标，然后努力实现之。

人生就像在大海上航行的船只，必须有明确的目的地，以免随波逐流，不知所终。相对于已经走过的成长痕迹，未来成长的出路更为重要。每个人在成长道路上都不会只原地踏步，都会从一个圈子到另一个圈子，从一个领域到另一个领域，总要不断地提高和完善自己。而人生突围再成长的路径唯有通过学习、实践来实现，进而走上人生的新高度。

建立"终身学习"长菜单

1969年，梁家河村的隆冬时节，公社人人相传说今天要来十几个北京来的"知识青年"。这一天一早，社员们响应大队支书的号召，换上新棉袄，带着看热闹的孩子，赶着毛驴，齐聚文安驿公社大院……

公社社员见到的是一群十六七岁的小伙子和姑娘，"他们的脸比农村人白，一开始不太爱说话。"[①]，习近平当时就在他们之中。做交接点名确认之后，社员帮知青拿行李的时候，出了一个有趣的故事。

"当时有个后生，平时村里人都知道他精明。那天给知青扛箱子的时候，他率先挑了一个看起来比较小的棕箱，结果在路上还是落在了后面。等歇息的时候，他随手掂量了一下别人扛的大箱子，才发现远没有自己的沉，他嘴里嘀咕说，这北京知青是不是带了金元宝。后来证实，那个箱子是习近平带的，里面装的不是金元宝，而是一箱子书。"

根据村民回忆说，那时的习近平十分喜欢看书，"他经常在煤油灯下看'头

---

① 根据时任梁家河大队队长的石玉兴回忆整理。

一样厚的书砖',有马列,好像也有数理化。那时候不通电,他就在煤油灯下看书,有时候吃饭也拿着书……为了借《浮士德》这本书,他不惜走了三十里地。就连上山放羊习近平也不忘读书。"

就任中共中央总书记以来,习近平政务繁忙,能支配的个人时间有限,但他还是坚持"经常能做到的是读书"。"我的很多爱好都难以有时间上的保障,但唯一一个得到保障的就是'阅读'。"2013年,习近平总书记接受媒体联合采访时说:"我爱好挺多,最大的爱好是读书,读书已成为我的一种生活方式。"

学习是一个永恒的主题,"再成长计划"本质上是一个持续不断的自我提升和修炼的过程。人的适应能力和可塑造性都是极强的,关键要看如何把握自己。

笔者母亲欧阳凰的先祖欧阳厚均是清代著名的经学家,担任岳麓书院院长27年,赫赫有名的曾国藩、左宗棠等人都曾师承其门下,被称为"近代湖湘文化的开启者"。得益于书香门第的耳濡目染,笔者母亲爱读书、买书、逛书店。她曾说自己最喜欢左宗棠的对联:"身无半亩,心忧天下;读万卷书,神交古人。"也是基于此,我深知坚持学习对于青年人才成才以及一生的重要和关键。

"闻道有先后,术业有专攻",每一个领域都是一项全新的挑战,终身学习保持了对周围事物与变化的持续关注与跟进,保持与时代的同步,让转型变成水到渠成的自然过程,而不至于事到临头手忙脚乱。

管理自己的人生就如同管理一个目标,需要分成若干个阶段分而治之。从心理学的角度看,个体对自己的成长轨迹是有主观引领作用的,会引导个体的行为,实践将自己锻炼、打造成内心深处渴望成为的样子。当个体要跨出现阶段所处的领域而转向另一个新圈子时,学习是最快的熟悉和适应新圈子的手段,而坚持不断地终身学习则会让个体在转向的选择和效率上更有优势,能更快更好地选择新领域,适应新领域。

机会总留给有准备的人,等机会来了再准备就为时已晚了。终身学习就是让自己处在学习的状态,随时为人生转型做好准备。人才更要保持终身学习的习惯,丰富自己的知识结构与层次,同时也为人生再成长准备更多的可

能与路径。

投身实践，寻求灵感

世界知名的轮胎制造商法国米其林集团同时也是著名的美食评级机构，在美食界的"米其林星级"品牌与汽车界的"米其林轮胎"同样享有盛誉。大家不禁疑惑：为什么一个轮胎生产商要跨界做美食评级，而且还能做得如此专业？他们是怎么做到的？

答案就在于米其林家族100多年前为了鼓励大家更多地购买其轮胎产品，便想出各种办法让有车一族多开车，走远路。在崇尚美食的法国，为了吸引大家开车出门。他们便想出了将各地的美味饕餮汇编成册，辅以介绍和评价的方法。这样想吃到美食的法国人自然而然地要多花些时间在路上，米其林的轮胎销量也就顺势提高了。米其林家族的跨界创新之举可谓业内一绝，直至今日仍被世界各国传为一段美谈。

轮胎与美食，在想象的世界中是完全格格不入，没有半丝联系的两件事，却在实践中打通了连接的渠道，相互依存。人才要敢于投身实践，从实践中获取灵感，寻找人生再成长的多种可能。

下笔千言，思绪万千，然而没有落实就只是空想，能改变现状、开创未来的唯有实践。人们常说"理想很丰满，现实很骨感"，理想与现实之间的差距是永存的，设想能不能成真不在于想得完不完美，而在于有没有实践的可能性，以及有没有切实地去进行实践。而且在实践的过程中，往往会有意外的收获，相差南北两极的事物也可以通过实践建立起牢固的相互关系。

在弄潮下"顺势突围"

朱敏的人生充满传奇色彩，农民、建筑工、大学生、留学生、创业者、投资人，每一个标签后面都是一段不可替代的体验与抉择。1948年，他出生于浙江宁波，高中毕业时恰逢"文化大革命"，到宁波郊区插队做了知青，一待就是7年。

第九章 制订"再成长计划"

1977年，恢复高考了，他兴奋不已，29岁时重拾课本，一鼓作气考取了浙江农业大学。

1984年，研究生毕业的朱敏踏上出国留学的道路，成为"文化大革命"后第一批公派出国的留学生，进入斯坦福大学攻读工程经济系统专业。

1991年，他创办Future Labs，做企业级的网络互动，提高商业社区内的实时共享和协作，1996年以1300万美元卖给Quarterdeck公司。1997年，他合伙创立WebEx（网讯）公司，2000年登陆纳斯达克，2007年以32亿美元卖给思科。此前的2006年，他与美国NEA各出资50%，成立赛伯乐（中国）创业投资管理有限公司，投资基于互联网与IT技术下的现代服务业(eService)。

好像朱敏在人生的每一次再成长中都能成为赢家：从下乡做知青到抓住恢复高考的机遇，本科、研究生、出国留学都是手到擒来。读完经济学转战互联网，虽历经波折结果却不错。经历了做企业的历练，又转型做了天使投资人。如此丰富的经历，看着都眼花缭乱，他却云淡风轻。

反观朱敏人生的每一个阶段，他都坚持吸收新事物，做时代的弄潮儿，并最终走向了与所学专业完全不同的互联网创业之路。而且他是个实干家，事情想好了就去做，不瞻前顾后，也不追求想到完美再动手。最重要的是他不强求，每个阶段的转型过渡都很自然，似乎走着走着就转到不同的行业，他总是顺势而为，做的事虽不相及却也不冲突。

个体的"再成长"计划能否找到实现的路径，很大程度上要看其与时代背景、大环境的结合程度。人才在制订"再成长计划"时，一定要与当下的时代背景和发展趋势相结合，顺势突围，开启人生"再成长"的新路径。

第十章

提高专业精准度

找到心底的热爱、专注和简单去创造奇迹。

——史蒂夫·乔布斯（Steve Jobs）

术业专攻：强化职业能力

涂尔干[①]在其《社会分工论》中认为，分工是推动人类不断迈向更高层次的一种重要手段。社会人胜任自己被赋予的"分工"的能力即所谓的职业能力。简言之，职业能力是个体在社会中寻求自身定位的能力。

职业能力使个体在社会分工中找到自己的位置，并证明自己的价值。随着社会的进步，职业能力的定义也发生着变化。当下的社会发展水平对职业能力的界定主要有三个方面：专业能力、团队精神和沟通能力。

专业能力

俗话说"隔行如隔山"，每一个行业领域都对从业者设定了专业知识的门槛，而且即使是同一行业内的不同职位也有专业知识门槛。就拿"教师"这一职业来举例，不同科目有不同的专业老师，跨领域教学很可能成为段子："你的数学是体育老师教的吧？"

[①] 涂尔干·迪尔克姆（Émile Durkheim），又译为埃米尔·涂尔干，法国社会学家，社会学的三大奠基人之一，《社会分工论》为其代表作之一。

以新加坡为例，新加坡的劳动技能培训体系分成三个等级：基本技能、行业技能、职业技能。基本技能是贯穿各行业和职业的技能和属性，包括语言能力、计算机能力等。行业技能是行业框架涵盖的技能，可以使个体具备从事特定行业。职业技能是从事特定工作所要求的特定能力。跨越行业、职位先天门槛的利器就是专业知识。专业知识是有层级区别的，从基础到行业，从行业到职位，是一层层递进和专业化的。

因此，培养专业能力也可能从基本技能、行业技能、职业技能这三个层级入手，一步步地深入，先培养基本技能，具备进入职场的一般能力；再根据选定的行业，学习相关知识，跨越行业门槛；行业是个大类，进入行业也只能算是成功了一半，之后还要根据具体指向的职位进行更有针对性的学习与培训，跨越职位门槛。

2001年7月13日，李岚清副总理出现在电视画面当中用英语做申奥陈述时，大家眼前一亮。翻看李岚清的履历，他并非学英语出身，这英语是什么时候学的呢？

原来早年，李岚清任职于长春一汽，曾远赴俄罗斯在当地的汽车厂实习，在工作中早已练就了俄语和英语能力，这是其职场的第一次进阶；其后出于工作需要，他开始研究经济，并于1961年调任国家经济贸易委员会工作，在多个要职岗位上工作，主抓经贸与企业管理，掌握并实践了大量的涉外经贸和管理知识，为职业生涯的第二次进阶；1998年，李岚清出任负责主管科教文卫的副总理，投身文化事业的他又开启了其职场能力的第三次进阶。

回顾职业生涯，他在《李岚清教育访谈录》中也谈到，对于组织的安排，要能够全力应对，到了哪个领域都要努力工作。正是由于出色的学习能力和适应能力，才使他能够在几十年的领导工作中不分界别地永远做好本职工作。

职场中的学习没有老师的驱动，也不是为了考试，而是一种自主驱动的发现和解决问题的能力。"书痴者文必工，艺痴者技必长"，专业知识的学习和培养需要学习能力的配合，职场中的学习能力不同于学生时代依靠记忆力建立起来的能力，而是一种更多元的能力，包括记忆力、理解力、发现问题的能力以及解决问题的能力。

团队精神

现今，不论何种职业、岗位，基本都会缀上一句类似"具备良好的团队合作意识"的要求，基本上可以算是招聘启事的标配，即使玩游戏也开始流行"组队打怪"了。个人时间和精力的有限性决定了个人在能力与专长方面的差别，但众人拾柴火焰高，差别的存在正是团队合作的基础。

十几只刺猬因为天冷而紧紧地拥抱在一起取暖，不久，它们因忍受不了彼此的长刺而各自散去。但天气实在太冷了，它们不得不依靠彼此，于是开始了反复的尝试，最终在受冻与长刺之间找到了合适的平衡距离，既可以取暖又不会伤及彼此。

因此，团队精神不仅要有合作的意识和意愿，还要注意合作方式。有团队精神是为了让成员的合力得到发挥，价值得到实现。"距离产生美"并不是一句空话，团队成员之间的平衡距离就是团队成果最大化的关键。

团队精神不仅仅局限于企业人事内部，还体现在工作中持有的开放、包容心态。

我（本书作者王辉耀先生）曾任加拿大 AMEC-Agra 公司副总裁，届时正值中国三峡工程启动，但面对很多西方国家的消极政策支持。一方面我考虑到加拿大有丰富的电站建设和管理经验；另一方面我认为国际专家也应当参与到三峡工程这样一个百年大计中来。由此，我便开始致力于三峡工程国际合作的项目中去，建议公司组建并充当跨国沟通交流的联合平台，说服加拿大政府支持中国的三峡项目。最终，于1994年加拿大政府终于签署了国际公司在三峡工程介入的首个，也是最大的一个项目。

因此，人才发展也要学会用包容、开放的心态，站在客观的立场上分析问题，解决问题；企业内部也要懂得如何构建"求同存异"的团队文化才能走得更长久。培养团队精神要苦练内功，提高情商，开放心态，找到志同道合的人。正所谓"道不同不相为谋"，如果起点错了，团队精神就是南辕北辙。

沟通能力

沟通能力是现代社会和职场中非常重要的能力，有效的沟通可以大幅度地降低工作成本，提高工作效率。沟通不是单向地向对方输出自己的想法和意志，而是要通过互动，找到对方的需求和契合的沟通方式，更好的实现沟通目的，而很多时候，沟通失败的原因更多的是由价值基础导致的。沟通只有立场之分，而没有对错之别，因此要懂得在相互明确并尊重立场的基础上，懂得"求同""求异"和"求合"。

"求同"是交流的起点。在沟通中寻找共同点，就会发现一个新的领域，新的思路。受到"奥林匹克学院"交流的启发爱因斯坦提出了相对论，源自于"午餐会"的讨论，维纳的控制论得以问世。杨振宁曾经常去美国硅谷的高科技公司听一些他认为晦涩难懂的报告。

"求异"则是在认同的基础上批判的思考对方的思想、观点、方法。"求异"是在认同的基础上当一回"大夫"，但不是一味的反对，而是敢于挑战对方，另辟蹊径。

"求合"则是与他人观念、思想、知识交叉融合与优势综合后，产生新成果的条件。有一位学者，在一次偶然的机会听到了数学的孤子解报告，随后自己联想到了平面、空间问题，于是破解了空间三维孤子解的问题。他就是仅31岁就获得了物理学诺贝尔奖的李政道。

社会的多元化发展对职业能力的定义也在不断地更新，最好的职业能力就是与时代相适应，与周围的人和谐相处的能力，而这些都需要在职业发展道路上慢慢地体悟，一点一点地磨炼和增强。

整合资源：构筑人脉"圈子"

美国佐治亚州立大学的史坦利教授曾做过一项针对2000名百万富翁的研究，发现：他们的共同特点就是拥有大规模的人际关系网。"君子性非异也，善假于物也。"成功者不是天赋异禀，而是善于借助外物的力量。分享经济的时代，人脉更是备受职场人士推崇，强大的人脉无异于让个体站在"巨人的肩上"，而构建和整合人脉资源需要个体不断地开放自我，并有坚决迅速的行动力。

人是社会性动物，很难"遗世独立"地生活，而且每个人自来到世界上的那一天开始就被赋予一定的圈子。但圈子并不仅仅是一种人脉关系，它还附带着信息、机会、资源、平台等有助个人成长和事业发展的因素。在人脉问题上，雪球效应是不适用的，雪球可以越滚越大，人脉却未必。见过面，喝过茶，吃过饭的不一定就是人脉。因此，如何整合人脉资源，如何利用好我们的圈子，就显得尤为重要。

开放你的圈子

邓巴数理论认为：人类能够稳定交往的社交人数为150人，能保持友好关系的人数约为20人。这核心的20人才是有效的、能用得上的人脉。这些人脉背后的资源很大程度上影响了个人在社会中的发展。斯坦福研究中心的一项研究显示：一个人赚到的金钱，绝大部分来自关系，占87.5%；来自知识的部分比例较小，仅有12.5%。

圈子是资源也是束缚，决不能"画地为牢"把自己圈住。如果不能走向开放，就失去了结识不同类型、背景、知识结构的人的机会。因此，一个人的开放程度在某种程度上决定了其人脉关系的交往半径。心态越开放，能够包容的东西越多，交往的人脉层次和范围也就越丰富和宽广。人脉的范围和层次就是个人事业和发挥的基点。

2006年，我曾对300位回国创业成功的海归创业者进行研究，发现约

80%的成功者在不同时期不同程度上加入了至少一个协会、商会、校友会、同乡会、俱乐部或创业园组织的圈子，很多人从中找到了团队、资金、技术和其他创业帮扶。人脉的重要性不言而喻。那么，如何在广大的"朋友圈"中建立有效的人脉，或者如何将泛泛之交发展成有效的人脉呢？

莫天全在创办搜房网急需用钱时，向任职于IDG的同学林栋良求助，获得了IDG100万美元的风险投资。易凯资本CEO王冉曾说过："不一定是同班同学，也不一定睡上下铺，但只要是一个学校毕业的，就会有一种亲近感。现在同学之中很多人已经在各自的行业里逐渐进入角色，这个同学网络就成了非常宝贵的资源。大家相互感染着，相互促进着，相互关注着。"

同窗之谊是个人走上职场最初的人脉资源。身边人是每个人交往最频繁也最了解的人，同时彼此之间在社会地位、知识层次之间的差别也是最小的，人们总是倾向于在平等的基础上建立人际关系。更重要的是，身边的人一般都会有血缘、学缘一类的牵绊，在此基础上建立起来的人脉更为稳固和牢靠。从人类倾向于结交与自己平等或更高一点的人的心理出发，个体还需要不断地提升自身的层次和价值，以升级自身的人脉圈子。

结交关键人物

美国中经合集团董事总经理、中国区首席代表张颖，从旧金山大学毕业之后入职斯坦福医学院，因为与同一个实验室的同事Rey Banatao聊得投机，因此常去他家做客，由此与Rey的父亲Dado Banatao熟知。让张颖没想到的是，几年之后自己去美国中经合集团应聘投资经理时，恰恰由于中经合创始人刘宇与Dado Banatao是十多年之交，在谈及Dado Banatao时，双方产生了相互信任感，聊得十分投机。可想而知，张颖以突出的能力和牢固的人际关系基础，最终赢得这个职位。

意大利经济学家巴莱多发现的"二八定律"也适用于人脉关系，在个体的人脉关系中，只有不到20%的人脉能带来正面影响和帮助。因此，在建立人脉时，要将80%的精力花在认识和结交这20%的人脉上，个体需要随着个人的发展进程"与时俱进"地构建自己的人脉。人脉的建立是一个动态过程，随着我们职业生涯的发展，人脉也会像滚雪球一样不断积累，因此要学会定时地"取精"。有个形象的比喻，"清理你的人脉就像清理你的衣柜一样，将不合适的衣服清出衣柜，才能将更多的新衣服放入衣柜"。

当然，有些时候，我们会觉得原来的至交好友为什么会慢慢地生疏了。原因可能有很多，但久疏问候是非常重要的因素。维护人脉要适当地介入对方的生活，适时地提醒对方你的存在。生日、婚礼、升职这些"关键时刻"的一句问候与祝福就是很好的方式。锦上添花是必须的，在他人低谷时雪中送炭也是不可少的。此外，还要在对方生活中有一定频率的"出镜率"，定期不定期地见面与交流，保持双方在思想上的交流与沟通，保持感情不褪色和不疏远。

培养"整合"能力

郭广昌从做市场调查开始建立复星，之后经过多次转型与整合，复星发展成为涉猎医药、零售、钢铁、矿业、房地产、服务业等多个领域的企业集团。2007年复星国际在香港联交所成功上市，带来了更多资金的支持。

有钱之后，下一步怎么走？

郭广昌从自身整合资源的经验出发，为复星摸索出了"中国动力嫁接全球资源"的新模式。他说，"复星全球化的逻辑是'中国动力嫁接全球资源'，核心即是'走出去'，也是'引进来'，复星通过成为海外优秀企业的股东，将中国动力融入被投资企业的业务发展之中，与股东和管理层共同创造更多的价值，从而实现共赢"；"我们有巨大的市场和需求，应当充分利用这个优势，来整合全球最优秀的技术、品牌、市场渠道等各类资源"；"反向整合全球资源，其中最重要的一块就是整合及时为我所用，这点复星已经尝到了甜头。当我们站在全球的角度去组织资源和市场时，就会发觉完全是不一样的格局，大格局就出来了，企业可以动用的资源可以说也就上了一个层次"。

复星的成功在于它找到了全球化资源与中国动力的差别与联系，差别是整合的前提，联系是整合的基础。最重要的是复星站到一个更高的层面上去观照全球化与中国，这样才能发现双发的需求与资源，并将之进行整合。

作为一个社会人，每个个体都有多重身份，每种身份对应相应的人脉圈子。培养大格局观，保持整合资源的思维，于差异中看到联系，于联系中看到价值，以更好地创造价值。此外，跳出自己的人脉圈子，观照自身的资源，看到别人的资源，学会"整合"并进行"排兵布阵"，会使人脉的价值发生质的改变。这对个体自身的素质也提出了更高的要求，知识经济的时代，只专注于一个方面是不够的，一专多能的跨界人才更能抓住差异间的联系，也就更具备发现、整合不同人脉资源的能力和素质。

开拓格局，跨界生长

破除固有定式

2013年6月，阿里巴巴的"余额宝"横空出世。此后一年多，它规模达到5741亿元，用户过亿，独占基金市场鳌头，同时其对接的天弘基金也呈现爆发式增长，传统银行对其"恨"得咬牙切齿。不难发现，其实产品设计并不复杂，却实现了跨界组合——支付宝与货币基金。

在这样的组合下，投资理财实现了对于传统方式的颠覆：支付宝的颠覆方式首先表现为操作流程简单，用户将资金转入余额宝就可以实现投资，手机随时随地可以操作；此外基金的最低购买金额被打破，一元钱都可以买得起，而银行传统理财金额基本都要5万元起购。对此，阿里巴巴创始人马云评价道："如果银行不改变，我们就改变银行。"

硬币有两面，正方体有六面，这个世界上不存在所谓的"非黑即白"，思维固化的人会输掉整个世界。余额宝的产品设计就在于打破了原有的基金"思维定式"，不按传统的套路出牌，出奇制胜。

有这样一个著名试验：

把六只蜜蜂和六只苍蝇装进一个玻璃瓶中，然后将瓶子放平之后把瓶底朝向窗户。结果发生了什么情况？蜜蜂基于出口就在光亮处的思维方式，不停地在瓶底处找到出口，直到力竭倒毙；苍蝇没有对亮光的定势，四下乱飞，不到两分钟就穿过瓶颈逃逸一空。

这个故事听上去有些讽刺却有很深的必然性。青年人要敢于跳出一直待着的"井"，在行动和思考中注意转换方式方法，敢于尝试、突破原有的格局，打破固有的思维模式，"不破不立"。

史蒂夫·乔布斯的苹果产品之所以能够风靡全球，关键的一点就是他打破了电脑产业中所固有的模式，没有关注科技的升级，而是关注了用户体验；没有在技术上进行创新，而是专注于设计上的改造——让用户使用起来感到愉快，带来很好的感官体验，由此用户产生了依赖性，建立了新的习惯。

沃伦·巴菲特（Warren Buffett）曾说，"习惯的锁链太轻往往让人感受不到，直到它们变得太重让人挣脱不掉"。青年人不妨试着做出一些改变，打破固有定式的链条，也许会发现新的契机和转折点。

开拓国际视野

2016年7月8日晚间，法国"铁娘子"国际货币基金组织(IMF)总裁拉加德宣布，建议任命现任中国人民银行副行长张涛出任IMF副总裁。

张涛为什么能够被IMF看中？

IMF总裁拉加德评价张涛："具有非常强的国际经济专业知识、公共部门决策能力和娴熟的外交技巧，丰富的国际金融机构工作经历和卓越的沟通谈判技巧，并对IMF的政策和程序有着极其深刻的理解。"

在清华大学取得电气工程学士、金融学硕士学位后，赴美国加利福尼亚大学深造，取得国际经济学硕士和博士学位。海外留学的经验，不仅给予张涛国际经济专业知识，还有在外交事务上加分的流利英语。毕业之后，正值而立之年的张涛在国际金融机构已经崭露头角——任世界银行政策研究局任经济学家，后任亚洲开发银行高级经济学家。拉加德评价"丰富的国际金融机构工作经历"正是此阶段的体现。

2004年，张涛在国家部委开启了自己的职业生涯，在2011年之后的七年多的时间里，他的足迹遍及中国人民银行的研究局、国际司、调查统计司及上海总部国际部。在国家部委的经历给予了他"公共部门决策能力"，随后旋即再次进入国际舞台，任驻IMF中国执行董事，再次强化个人的外交、沟通能力和对IMF政策、程序的理解。

扎实的经济学功底、出国留学培养的英语交流能力、在国家部委锻炼的公共决策经验、国际机构积累的外交事务能力……这些国内与国外视野的衔接成为张涛升任IMF副总裁当之无愧的因素。

雅虎联合创始人以及AME Cloud创投创始人杨致远在一次访谈中说道："从扎克伯格到Airbnb的布莱恩·切斯基（Brian Chesky）到优步（Uber）的特拉维斯·卡兰尼克(Travis Kalanick)，最好的创业者往往具有国际视野。要建立一家伟大的公司，一家市值千亿美元的公司，必须要做到全球化，所以创业者们会努力地迈出这一步。"①

国际化是目前中国经济、社会发展需求对人才给出的新"标签"。

而要成为一个国际化人才必须要打开国际视野，以便在经济、贸易活动全球化的时代，有能力与世界交流与沟通并适应国际竞争的新环境。

国际视野是在全球化进程中慢慢形成的词汇，也成为知识经济时代评价人才的一个重要标准。但要确切地界定"国际视野"这个概念似乎又无从下手。过"洋节"，说英语，吃快餐，喝咖啡就是国际化，就能拥有国际视野？答案是否定的。国际视野是一种能力，能站在全球的立场上看问题，能理解不同文化背景的人的思考方式并进行顺畅地沟通与交流的能力。

社会学认为"人是社会性动物"，这里的"社会"指的是个人的生活半径所能延伸到的范围。在生产力低下的时代，这个生活半径被限定在周围的

---

① 百晓生：《杨致远：创业者应具有国际视野》，（http://baixiaosheng.net/6681）。

乡亲邻里间。知识经济时代，在经历了货物和资本全球化之后，人们的生活半径被扩展到了全球，享受全世界范围内的产品和服务，生活的"社会"也就自然而然地成了全世界。人类的社会化生活是由规则组成的秩序来保护和维持的，要在世界这个大"社会"里生活就需要有了解、理解不同文化背景与历史渊源的秩序，并在这些秩序中切换自如、如鱼得水的国际视野。

国际视野是社会和经济发展摆在每个人面前的课题，留学、游学等近距离沉浸在异域环境、接触异域文化的方式是最佳选择。但由于成本过高等原因，这些方式并不具有普遍性。对于身处国内的大多数人来说，打开国际视野需要另辟蹊径。

跨界、衔接与颠覆

令人意想不到的是，现任中国工商银行副行长的张红力并非是经济学科班生，而是农业专业出身。在黑龙江八一农垦大学农学系毕业后，具有前瞻性眼光的他在年仅19岁，便毅然前往加拿大修生物遗传学，而他的商业生涯则是从惠普财务部开始起步的。

回忆自己的职业生涯，张红力常常感慨，"我特别珍惜自己在企业里做会计那段经验，这对我的生涯影响最大。在企业里面我把成本会计、财务会计、审计、财务全做了一遍，所以我对企业的需求很了解，这对一个做投资银行的人来说很重要。你不要总说你自己强大能干，你要懂得什么对客户好，就是说你要理解他的需求，能够结合起来做投行方案，这样就顺理成章了。"

从农业到会计，再到投资，张红力一直在东方与西方、生物与金融之间不断寻求平衡。张红力常常调侃自己是"半路出家"的投资银行家，但这样的跨界发展，在他的职业生涯中却十分互补：青年时在农学院的学习训练了他整体系统的思维方式，而在企业的财务工作则让更能理解客户需求。

现如今，正值"创新""创业"的大环境，各行各业人才的跨界、衔接要求都已经凸显。2014年，上海银行发布的一则招聘启事耐人寻味：招聘100名客户经理，目标人群是先进制造业、现代服务业、政府机关和事业单位的跨界优秀人才。上银之所以把重点锁定这一类人群，目的是充分发挥他们过去所在行业专业优势，拓展行业客户。特别是有一定工作经验，且有将现有工作领域与金融业务嫁接的强烈意愿的应聘者将是首选人群。

具有"来自未来的常春藤学校"之称的奇点大学（Singularity University）位于美国宇航局研究中心，吸引着来自全球的最聪明的头脑。这所世界上最顶尖的未来学院，与美国宇航局、谷歌（Google）、欧特克（Autodesk）和诺基亚（Nokia）等知名公司开展合作研究"指数增长技术"，旨在提出一个能在十年内改变10亿人生活的计划，孵化颠覆科技未来发展走向的前沿技术。

奇点大学的创始人，在企业家、作家、工程师等多重身份之间切换的彼得·戴曼迪斯（Peter Diamandis），正用他的跨时代创举影响世界。"预测未来的最佳途径就是你自己去创造"，拥有这一理念，彼得·戴曼迪斯的跨界人生十分精彩——他拥有麻省理工学院获得分子遗传学、航天工程学位，哈佛医学院获得医学博士学位。他创立十几家商业太空探索公司，已经成为全球商业太空探索领军人物。他还是人类寿命有限公司（HLI）的联合创始人和副董事长，希望通过研究人类基因组与细胞的奥秘，在未来实现延长人类寿命的伟大议题。

青年人才要开放人生格局，打破传统思维和思维定式，开拓国际视野，并要学会从行业之间窥见机会，找到发展的"蓝海"。中国社会各个行业发展日新月异，传统行业有的已实现饱和，需要拓展新的发展空间，因此需要具备跨行业眼光，发挥"两栖"，甚至是"三栖"的专业特长，以在新时代创造更多的价值。

第十一章

挖掘"创新者精神"

我们有 1.7 亿多受过高等教育或拥有专业技能的人才，蕴藏着巨大的创新潜能，这是我国发展用之不竭的最大'富矿'。

——李克强　中华人民共和国国务院总理

奇思妙想：打造创意肌肉

2013 年起，海尔连续两年裁员，同时启动了鼓励员工内部创业的小微公司模式，喊出"人人都是创客"的口号。所谓创客，就是自主创业者。在员工向"创业者"转变过程中，整个企业也从管控型组织变成投资平台，整个组织要从原来的传统组织变成互联网组织。

2014 年，海尔集团将战略推进主题定为"企业平台化、员工创客化、用户个性化"：企业平台化与企业的互联网思维相对应，达到企业无边界；员工创客化与员工的价值体现相对应，鼓励员工成为自主创业创新者；用户个性化则与企业的互联网宗旨相对应，致力于创造用户全流程最佳体验。

2015 年，张瑞敏将海尔的发展主题定为"引爆、引领"。引爆是质的突破，而非对原结构的修补。引爆的目标是引领，即实现从 0 到 1，而非原有的从 1 到 N。引爆创造的是用户流量，而非无法交互的顾客销量。

海尔鼓励内部员工"创业"，本质上来说是在鼓励员工创新，通过激发员工的"创业家精神"，推动技术创新，进而带动企业发展，引爆从 0 到 1 的突破。

"大众创业，万众创新"唤起了许多人的创业热情，引爆了年轻人创业的热潮。"创业家精神"不是从职业分类来定义的一种创业态度，不唯某个特定的群体所固有。时代和个人条件决定了不是每个人都可以或者愿意去做一个创业者，但时代和个人发展的诉求都要求个人具备创业者的心态。创新时代，可以不创业，但不可以没有"创业家精神"。

保持你的好奇心

IT 巨头 VMware 公司的联合创始人兼 CEO 黛安妮·格林（Diane Greene）有着"硅谷女王"之称，让人想不到的是，在成为 CEO 之前，这位女王还有更加传奇的职业生涯历程——世界级的水手、全美划船比赛冠军、船舶和石油钻塔设计师、帆板运动公司工程师。

黛安妮认为事业与金钱无关，完全在于行动。而成功的秘诀恰恰就是保持好奇心。"我只做我想做的事情。"她说，"我会专注于那些让我感兴趣的事情"，"小孩子们都很好奇。如果你保持好奇心，那么一切都是惊险刺激的冒险"。①

创新活动需要"天马行空"的发散性思维，甚至将"风马牛不相及"的事物联系起来的想象力。并不是所有的创新都是从 0 到 1 的突破，更多的创新是从 1 到 2，从 2 到 3……地推进，领先一步也是创新。保持对事物的好奇心，探索满足好奇的方式与途径，创新便在其中。

作为一个"学霸"级的人物，搜狗 CEO 王小川对于未知世界的好奇心在中国企业家里众所周知。他小学二年级时，迷恋上了计算机 LOGO 语言，开始学习英文；高中时因为喜欢一款《命令与征服》美国战略游戏，开始每天登录游戏的国外网站查看新信息，最终在这款游戏的启蒙下，有了拓展自己事业疆土的想法；他在清华大学读研究生时，从事基因拼接的相关研究，从海外研究机构搜索和下载了很多研究论文和数据，第一次感受到科研工作的跨国力量。"复制产品的时代已经成为历史，读懂中国用户才能获得用户，

---

① 《"硅谷女王"分享成功秘诀：保持好奇心别光想着挣钱》，（http://tech.qq.com/a/20160710/019977.htm）。

我希望搜狗是一家时刻保持好奇心的公司。"关于未来,王小川如是说。

好奇心可以作为青年人才前进的动力,好奇心在哪里,一个人的视野就可以跟到那里,从而开启了创新的机遇。

有危机感,不盲从

微软创始人比尔·盖茨的一句名言:"我们离破产永远只有90天。"

波音公司曾经拍摄过一部呈现公司倒闭的影片,在这部片子里刻画了波音公司在一个天空灰暗的日子里,挂出"厂房出售"的告示,扩音喇叭里传来"今天是波音公司时代的终结,波音公司已关闭了最后一个车间"的通知,员工们被迫搬出了工厂……

对现状的熟悉和安逸会麻痹人的神经,因危机感而产生的恐惧则能将人驱离舒适范围,保持在路上的节奏。创新是面向未来与未知的行为,一定会伴随着不可预知的风险,因此要做好充分的准备,将风险来临时的无措与损失降到最低。

危机意识带来的不仅仅是一份主动出击的信念,更带来一份不盲从、批判思考的思维模式。现今信息获取途径的便利与多样,在一定程度上"剥夺"了个体思考的能力。人们习惯了将思考的权利交给搜索引擎或是别人,无障碍地接受看到的、听到的信息。

19世纪中叶,正值美国淘金热时代,17岁的农夫亚默尔也加入加州淘金者的队伍中。然而,加州气候干燥,水源奇缺,不少人被饥渴折磨得半死。然而,恰恰是从恶劣的气候条件给淘金者带来的危情中,亚默尔转变思路,在现场卖起水来,淘到了人生中的第一桶"金"。当大家都一窝蜂地做着淘金致富的美梦、拼命去淘金之时,最先淘到"金"的却是那个在淘金现场卖水的人。

因此,对于轻易获得的答案,可以一观,但不可轻信,要有自己的思考和判断能力。俗话说,真理往往掌握在少数人手里,面对任何"风口""大潮",应该保持一颗清醒的头脑,不应盲目地跟从,从而甄选判断机会。

危机感是创新的推动力,对失败的恐惧激励着个人"苟日新,日日新,又日新"。时时提醒自己保持危机感，一头扎进去的创新很可能遭遇潜流暗礁，事前预估风险，做好应对，才能事半功倍。

用逆向思维取胜

生活中经常出现两种思维：一种是正向思维，也就是因果导向思维——由一个原因起始，从而指导行为，最终促成结果；另一种却反其道而行之，是"以终为始"的逆向思维，它让我们站在终点，去看清楚起点，然后去设定终点与起点之间的路径，细分部署任务，规划时间，责任到人。

逆向思维不是叛逆心理，也并非让人变得格格不入，它之所以看上去与众不同是因为大家都习惯了正向思维却忽视了逆向思维。然而，恰恰是大家都比较容易忽视的逆向思维能够带给我们更多灵感和启发。

麦肯锡曾有一位研究企业案例的顾问，他利用每晚乘坐电车回家的28分钟车程，练就极强的思考、分析、解决问题的能力。例如，看见窗外的番茄酱广告，他就会自问问题："怎样扩大番茄酱的市场""此广告是能否扩大销路"……回答问题的时限就是乘车时间。经过长达一年"电车思维训练"，这位案例研究顾问经常能够像条件反射一般回答客户提出的商业问题。他就是日本著名管理学家、经济评论家，国际著名企业策略家及经济评论家——大前研一。

"大部分人理所应当地说天空是蓝色的，但是如果你在喜马拉雅山的山顶朝天空望去，天空是黑色的"，大前研一在《思考的技术》中引用三浦雄一郎先生的话如是说。[1] 有些时候，"线性思考行不通"，遇到问题，我们不如试试反其道而行，或许能窥见别样的风景。

---

[1] ［日］大前研一：《思考的技术》，刘锦绣、谢育容译，中信出版社2008年版，第137页。

再跨两步：增进先见能力

预知未来是人类几千年的理想。今天，人们看待这一问题的态度更为理智，更多地建立在事实基础上，对未来做出科学的、合乎逻辑的推理和预测。先见能力就是这种逻辑推理结合直觉判断的表现形式。它是能够看清别人看不到的事物的能力，也就是能够看到"看不见的新大陆"。[①]

大前研一认为：未来，推动世界运转的，是个体之间的竞争，而不再是国家之间或者企业之间的竞争。在个体之间的竞争中，如果能得到未来的"蛛丝马迹"，胜出并最终突出重围就更有把握。这个"蛛丝马迹"是基于历史和现实的理性预测。

预见能力

"你只需按动快门，剩下的交给我们来做"，这是柯达公司的一句经典广告语。

柯达，曾经胶卷和相机产业的巨头，成立于1880年，到20世纪70年代中期，已经在美国胶卷市场和相机市场中占据垄断地位，独占90%和85%的市场份额。鼎盛时期，柯达的业务范围包括全世界150多个国家和地区，1997年市值高达310亿美元，然而2012年市值竟蒸发到仅剩1.5亿美元，并于2013年申请破产。

柯达的破产主要是太过依赖于既有的技术和市场。随着数码技术的发展，传统摄像方式和胶卷冲印技术受到重创。当人们不再需要冲洗胶卷，甚至不再需要胶卷的时候，"剩下"给柯达的空间就很小了。实际上，柯达并非没有开展数码技术的研究，世界上第一台数码相机就是柯达于1975年研发推出的。虽然在数码技术上领先一步，柯达却没有预见到数码技术的未来发展，

---

① [日]大前研一：《专业主义》，裴立杰译，中信出版社2010年版，第27页。

没有将其产业化，相反却固守着传统，一直围绕着相机、胶卷、冲印业务打转。在柯达原地打转的时间里，数码相机以惊人的速度产业化，并得到消费者的青睐。没有预见到市场发展趋势的柯达，自然难逃被市场抛弃的命运。

柯达的破产源于其对过去的执着，执着到毁掉了已经摸到的"看不见的新大陆"。柯达公司并不是个案，摩托罗拉、诺基亚这些曾经的手机行业"大佬"，也都因为没有预见到智能机时代的到来和发展之迅速，而失了先机，最终难逃被时代抛弃的命运。

在知识经济和知识时代，技术以前所未有的速度进行着升级换代，以互联网技术来说：从1G到2G经过了13年，从2G到3G经过了14年，而从3G到4G却只用了短短4年！技术正在以惊人的速度进行着更新与淘汰，在急速变化的时代潮流中，准确的先见能力可帮助个人先人一步地看到机会和"未来"。先见能力并非天赋异禀，而是通过不断地锻炼打磨出来的。

个人与时代的共存方式，大致有三种：走在时代之前，与时代并驾齐驱以及落后于时代。落后于时代注定会被抛弃。与时代并驾齐驱只能保证不掉队，难有大的发展空间。走在时代之前，欣赏到不一样的风景，并于其中洞察未来的机会和动向，如此才能预先准备，走在其他人的前列，甚至主动引领时代的发展方向。

保持敏感

2010年，被称为"微信之父"的张小龙在做QQ邮箱时，偶然发现了一款基于手机通讯录实现免费短信聊天功能的软件。他敏锐地意识到在智能手机时代，一定会产生可以和QQ抗衡的产品，于是写邮件给马化腾，建议腾讯做这样一款产品。得到肯定回复后，他带领团队投入微信的研发中。

2012年3月29日，微信用户数突破1亿；2014年，腾讯微信朋友圈的广告收入达到100亿美元。

很多人看到苹果落地，只有牛顿发现了万有引力定律。很多人用过张小龙看到的那款软件，却只有他意识到这类产品的未来。

"有没有一种方式既能方便地维护老客户,又能吸引大量的新客户?"

"传统产业怎样才能运用各种移动时代的新技术、创新为自己服务?"

"如何让你的顾客随时随地直达你正在提供的服务?"

在 2014 年百度世界大会上,百度董事长兼 CEO 李彦宏,给在场 2000 余位传统产业人士和开发者提出三个问题。

现在,虽然越来越多的传统产业在用各种各样的方式拥抱移动互联网,几乎用上了一切能用上的手段,寄希望于捕捉和响应客户需求,譬如利用移动站、App、团购和公众号等平台资源来为用户提供服务,但实际效果却不尽如人意。

因此,"传统服务业要对消费者的行为变化和需求变化保持敏感",李彦宏说,"如果我们不能保持对新现象的敏感,就会丧失很多机会,也不能创造出新的产业和新的市场。"

保持敏感是创造价值的前提条件。笔者的老朋友,曹德旺先生曾讲过他发现汽车玻璃产业的契机故事。1984 年,他带母亲去武夷山游玩,为了母亲方便买了一根拐杖。上车的时候司机师傅一直叮嘱他:千万不要让拐杖碰到玻璃,碎了"赔不起"。曹德旺很诧异,觉得一块玻璃能贵到哪儿去?可一打听这东西还真贵!当时换一块马自达汽车前挡风玻璃要 6000 元,若急,竟能要到 8000 元!正是由于这个原因,当时中国的汽车,车窗一破就用胶纸糊上;有的是舍不得买,有的则是买不着。曹德旺由此发现了一个利润丰厚的空白市场。就在第二年元旦,他向上海送出第一批汽车玻璃培训员工,而这一天也是合资协议生效的日子,成为他打入汽车玻璃行业的开始。

历史只能作为借鉴,时代的车轮会向前滚动。每个时代都有其背景和特点,这在一定程度上决定了生活在其中的人们的普遍性格特征和习惯。互联网技术的发展,每天都有大量资讯扑面而来,这为信息的获取带来了方便。资讯信息是最鲜活的资料,透过它们可以全面地了解时下发生的事情,大众关注的焦点,大众的所思所想,以及大众普遍认同的世界观、价值观和理念等。但其中却夹杂着大量的垃圾信息和无用信息。因此,我们不仅仅要保持对资讯信息素材的敏感,为先见能力提供及时、有效的参考系——参考资料越新、越翔实，预测偏离未来方向的可能性越小；另外，还要保持对新事物的敏感性和接纳的胸怀。

因时而动

1991年，陈启宗接任恒隆集团主席，上任之后，他看准时机，踩准市场走向，只用了两步就使企业有了跨越式的发展。

第一步，跨出香港，进军内地市场。1992年恒隆进驻上海，先后拿下徐家汇和虹口区等四块5公顷的土地，建成了恒隆广场和港汇广场。之后，恒隆在上海又多次出手拿地，到2006年，集团收入的30%来自上海项目。

第二步，避开亚洲金融危机。香港地产在金融危机来临后暴跌，许多地产大亨"辛辛苦苦几十年，一夜回到解放前"。恒隆地产从1994年开始就没有在港出手拿地，相反还在地产业的高峰时期，1997年出售了多项物业，大赚一笔。

陈启宗在恒隆采取的举措并非大刀阔斧的改革，而是"有所为有所不为"的时机拿捏而启动。阿基米德撬动地球只需要一个支点，需要的是在关键"支点"上的眼力与推动力。

先见能力、未来、趋势，这些词先天与不确定性如影相随，不确定就意味着危险与机遇并存。从概率学的角度来说，抛硬币，每一面向上的概率都是50%，这是因为其起跑线是一样的，起点处就是1:1。

未来的陌生感带给人一定的恐惧感，人类也一直在与这种未知的恐惧感做斗争。但是，危险和机遇的存在概率却是人为因素可以影响，甚至消解的。先见能力说到底是一种预测能力，它能看到机会，而抓到机会还需要另一种能力——因时而动。就像下象棋，即使能预测100步的后招，也要手起棋落，才能走向成功。

人的成功不是一开始就设定好的计划好的，而是顺势而为中，"阴差阳错"地改变事业方向和人生轨迹。但"阴差阳错"也能在一定程度上给予我们小小的不安感。而先见能力在一定程度上就是在消除这种恐惧感，并发现以未来为基础的机会。从心理学角度来说,一个人长期只接收同一类信息,就会倾向于认为只有这一种可能。因此,在培养预见能力时要时刻保持对危险的警惕性,尽可能多且全面地占有预测所需要的素材和信息:一是可以提高预测的准确性;二是可以对危险有充分的认识,做好应对准备,以降低风险。

很多人没能成功不是因为没有机会,而是因为没有抓到机会因时而动。停留在想法阶段的先见能力,不是真正的先见能力,需要与执行力结合在一起才能发挥出应有的作用,想到更要做到。

创新者丛林法则:犯"众怒"、不设限、不惧败

有个著名的心理学实验:

将跳蚤放入一个开口的玻璃瓶中,跳蚤可以很轻松地跳出瓶外。之后,心理学家给玻璃瓶盖上瓶盖,跳蚤还是在不停地跳跃,但每一次跳跃都会撞在玻璃瓶盖上。如此反复数小时后,跳蚤终于不再跟自己"较劲",自动降低了跳跃的高度,每次跳跃都以瓶盖的高度为限,避免自己受伤。此时,拿掉玻璃瓶的盖子,跳蚤会在已经习惯的高度范围跳跃,不会跳出玻璃瓶之外。

跳蚤吃了思维定式的亏。创新思维就是要打破套路,根据玻璃瓶的情况,尝试不同的解决方法。技术的进步、社会的发展靠的就是创新思维不断突破"玻璃瓶盖",带来新的尝试和机会。

当前,创新驱动发展已经成为共识,那么驱动创新的又是什么?是一拍脑门的灵光乍现,还是厚积薄发的水到渠成?实际上,两者兼而有之。创新活动离不开长期积累的素材、基础,同时也需要"妙手偶得之"的激发。创新就是要打破定式的倾向,提供解决问题的新途径和新方式。

要敢犯"众怒"

20世纪80年代末,王健林下海打拼,经过多年发展,在许多城市建起地

标性建筑。打拼之初以及发展之时,他敢犯"众怒"推进创新转型的魄力令人钦佩。

2000年,万达决定转型做商业地产。涉足之初,万达采取将底商全部卖掉的方式。这给王健林带来了无尽的麻烦——购买底商的客户,初期三年,经营不善就会去告万达。结果,从2000—2004年的三年间,万达被告了两百多次。公司内部要求退出商业地产的呼声一浪高过一浪,王健林顶住压力,坚决要做满五年,五年后状况没有改善就退出商业地产。然而,时间证明万达成功了。

2006年,王健林打算涉足电影业,这让他又一次成为全体同事的"公敌"。当时,中国内地票房还不到10亿,"10亿就算20%的利润,也才2亿的利润。每年要投3亿、4亿去做,怎么可能收得回来?全中国的利润都归万达吗?"面对质疑和反对,王健林却"固执己见","电影院对商业中心来说是必需的,而现在又没有人愿意来做,现在虽然只有8亿、10亿的市场,但如果我们带头来做,加一点儿促销,让那个行业有钱赚,可能会激励更多人来做,这个行业可能就做到80亿、800亿,就可以赚钱了。"①

从众是创新的障碍,面对质疑和反对要有王健林那样"固执己见","敢冒天下之大不韪"的坚定与决断。创新虽不是要标新立异,但从某种程度上说是对传统和现有状况的一种颠覆,其中的阻力可见一斑。而从心理学的角度来说,人为了避免使自己成为少数派,存在着一定的从众心理,这对创新来说是大忌。

国际货币基金组织(IMF)原副总裁朱民,留学深造回国在中国银行任职,而为了中国银行的上市,这一待就是十几年。那时候的拥有国际视野的他站在上市正义的"风口浪尖"上——在支持上市的人和把上市视作背离马克思主义的人之间努力维系微妙的平衡。当他提出聘请国际会计事务所审核财务的想法时,引起了众多人的质疑和恐慌:

---

① 截选于王健林在台湾大学演讲《谁没有艰辛的过往?》。

"怎么能让外国会计事务所了解我们的底细呢？资产负债表乃国家机密"；

"怎么能请外国董事呢？怎么能失去100%的国有控股地位呢？"

在众多压力、质疑和猜测声中，他坚持聘请外国专家担任董事会成员以及风险管理与信贷部门的关键职位，还聘请国外银行的高级顾问举办各种培训班。由于当时中国的行事方法与国际惯例差异很大，很多外国投资者对中国的诸多条款根本无法理解，因此在中国银行筹备上市期间，朱民不断地与有意向的投资者开展交流对话。最终顶住各方质疑和重压，同时经过不断的努力和协调，中行终于在2006年成功上市。

时间最终会证明创新的价值和意义。创新型人才在发挥创新思维，运用创新能力的过程中，难免成为"少数派"，此时不要焦虑或恐惧，要坚守自己，敢犯"众怒"，给自己的创新一个机会。

厚基础，不设限

1990年，18岁的雷军与王全国、李儒雄一起创办三色公司，推出了一款金山汉卡的仿品，即"山寨"作品。上市不久即遭遇更强劲的"山寨大王"，公司经营陷入困境，半年后，公司结束运营。

1992年，雷军大学毕业后加入了求伯君的金山团队。在金山，他度过了三年快乐的编程时光，最后却遭遇当头棒喝。1995年，他耗费巨大精力做出来的盘古组件发售失利，"我当时没有领好队，很多人都不想再做开发了，就离开了金山，当时那种失败的感觉只能用'兵败如山倒'形容，我每天感觉到公司里面的失败气氛，那是一种没法继续干的气氛"。软件发售失利，雷军放弃了他最热爱的角色——程序员，开始转向做市场。

2000年，雷军出任北京金山软件股份有限公司总裁，并采取了一系列具有前瞻性的措施让金山崛起。2007年，金山在港交所上市，雷军却萌生退意。

从金山退出之后，雷军开始做天使投资。其间，年少时的创业梦想一直萦绕心头。2010年，他与朋友一起创办了小米科技。"为发烧而生"的小米经过多年的发展，收获了国内外的大批"米粉"。2013年，天猫的统计数据显示，"双十一"当天，小米以5.5亿元的销售额位列全网第一。

雷军被公众记住的最深印记是小米，而这之前"三色"与"盘古"均告失败。失败只会给自己留下深刻的印象，公众其实并不在意。你没有那么重要，没人会在意你成功之前的失败，不要让对失败的恐惧成为创新路上的拦路虎。

目标是指引也是限制，设定目标之后，最理想的效果也不过是无限接近。创新无止境，创新型人才要给自己充分的自由，不要被预设好的框架或目标束缚住了手脚，要勇于尝试自己的想法、创意，不给自己设限。追逐创新的过程中，基础越厚实，起点就越高，达到的效果可能也就越好。创新型人才要注重创新基础的搭建，地基越牢固厚实，创新的大厦也就越可能建得稳固高耸。

蛰伏寒冬，不惧败

陈欧的创业道路充满波折，首次成立创业游戏公司，但自己却丧失对公司的控制和话语权；再次回国创业时，却发现外国游戏模式难以适应中国市场，数月后资本一无所有。第三次创业，聚美优品提前完成若干年的规模扩张看起来顺风顺水，但大促时却遇到系统崩盘、货物爆仓、客服打爆、假货风波，一时间公司深陷信用危机。①

创新创业之路并不平坦，陈欧在创业路上的起起伏伏并不是偶然，而是常态。创新创业之路堪比唐僧师徒的取经之路，需历经"九九八十一难"，才有可能闯关成功。而大多数人很难闯过这"八十一难"，不是没有热情，而是没有做好面对失败，而且是经常面对失败的心理准备。

美团大众点评网CEO王兴创业十年，九败一胜一度被视为业界传奇。2004年，放弃了美国特拉华大学电子与计算机工程系的博士学业，回国创业。

---

① 王辉耀、苗绿：《世界那么大，我们创业吧》，中央编译出版社2016年版，第169页。

王兴做的第一个项目叫"多多友",在"多多友"之后又做了第二个项目叫"游子图",2005年,他创办了曾经风云一时的"校内网",后来由于缺乏资金增加服务器和带宽,"校内网"于2006年10月被千橡收购;2007年王兴创办"饭否网";同年,他创办的继"校内网"和"饭否网"之后创办的第三个社交网站"海内网"上线;2009年,"饭否网"因故被关闭;2010年他又创办"美团网",并得到了红杉资本"超过1000万美元"的风险投资。从一个极客到企业家,王兴的创业经历像一场涅槃,不仅成就了自己,也成就了一个行业。

在寒冬里跋涉的创业斗士需要祝福,但他们却没有时间流下过多虚妄的眼泪。创新创业的人前风光不遑多论,那些跃跃欲试的年轻人正是"风光"的注脚。创新创业背后的艰辛与需要的努力也远非一般人可以想象和承受。迎战创新创业的"折磨",创新型人才需要逆境时越败越战,愈挫愈勇,顺境时小心翼翼,如履薄冰。

在时下"双创"的背景下,许多人都对创新创业跃跃欲试。然而,创新创业的实质并没有表面看上去那么风光。受国务院委托中国科学技术协会的《"大众创业、万众创新"政策措施落实情况第三方评估》调查数据显示,60%科技人员有创业意愿,但真正创业的只有2.5%;麦可思研究院发布的《中国大学生就业报告》显示目前我国大学生创业的成功率不足5%,科技创新的成功率不足15%。

在创新创业过程中,失败是常态。敢于直面失败是勇敢,挖掘失败的价值是智慧,失败也要败得有价值。每一次跌到谷底都能为向上攀登搬几块砖头,垫起一定的高度,这样才是有价值的失败。"今天倡导'大众创业,万众创新'是'浪漫'了一些。"经济是靠优胜劣汰保持竞争力的,"大众创业成功的总量在增加,但是创业失败的总量也在增加",这是一个社会的现实,而那些"在失败中还愿意继续坚持的,那就距离成功不远了"。

零点智库创始人袁岳认为,坚持始终是创业者的必需品质,"没有永久活着的创业企业",能够真正生存下来的还是少数。"创业很艰难,就像打仗一样,活着就是成功,战场上回来的人就是成功的。"

袁岳创业时也面临失败的风险和担忧,"我还记得开始创业的时候头发掉得挺多，有老中医给我说，你要少动脑子就好了，可是我做的就是知识服务，怎么可能少动脑子？所以那个时候摆在前面的就是两条路：少动脑子、少掉头发、少做生意；多动脑子、多掉头发、多点生意"。①

尝试的越多，失败的可能性也越大，这并不可怕，坚持走过失败就能看到曙光，每一次黎明都是穿越黑暗而来的。袁岳也面临过失败，而他选择用坚持来应对。坚信再坚持一下，下一个转角就能遇到成功，少数承受得起代价的创新创业者才能在创新创业的"战场"上杀出重围，凯旋而归。

聪明人不会让每一次失败浪费，而会从失败中汲取成功的养分，选择最有利于自己的做法，集聚力量，一旦时机成熟即一击必中扳倒失败。成功是"熬"出来的，不论前路艰险或是平坦，坚持走下去才能见识成功的风景。

"败不馁，胜不骄"，说起来虽然流俗，却是创新型人才的修炼创新创业心态的"圣经"。直面失败，淡对成功，不急不躁，保持始终在路上的心态，追寻心中的"诗与远方"。

---

① 王辉耀、苗绿：《世界那么大，我们创业吧》，中央编译出版社2016年版，第169页。

第十二章

领导力造就领导者

领导力就像美，它难以定义，但当你看到时，你就知道。

——沃伦·本尼斯（Warren Bennis） 美国领导力专家

登高望远：全局思维与决断力

"一头狮子领导的一群羊能打败一只羊领导的一群狮子"，足见领导者对于团队的重要性。优秀领导者往往拥有超凡的领导力，他们富有战略思维、感召力和组织能力，能够培养出优秀的人才，可以客观辩证地观察、思考和处理问题。优秀的领导者并不是天生的，因为超凡的领导力可以在后天被培养和发展起来，从而造就非凡的领导者。

领导力造就领导者，在 21 世纪纷繁复杂的世界中，要想成为调动资源做出一番事业的领导者，超凡的领导力必不可少；然而，拥有、发展领导力却不一定是领导者的专属权利，领导力是一种能力，是人才成长之必需。

那么，什么是领导力，怎样理解领导力呢？

从战略思维角度来看，领导力往往需要把时间和思想从细枝末节中解放出来，是一种"不谋全局者不足以谋一域，不谋万世者不足以谋一时"的全局思维、长远眼光和判断决策能力，以期做好引领未来方向的"灯塔"。

培养全局思维

"对我而言，这确实是一个动情时刻。今天和你们在一起，我感到谦卑和快乐。今天我怀着巨大的幸福感再次称呼你们：我的同事。同时，我也非常骄傲能再次成为：你们的同事。"2017年1月3日，第九任联合国秘书长安东尼奥·古特雷斯（António Guterres）开始了他在纽约联合国总部大楼的第一个工作日。

工程师出身的古特雷斯，工作经验丰富，曾任葡萄牙社会党党首、葡萄牙总理、联合国难民高级专员。丰富的经验给予古特雷斯全局性的思维和眼光：他极富语言天分，工作中在英语、西班牙语和法语之间无缝切换，所驾驭的语言占了半数联合国工作语言。古特雷斯习惯多元文化的工作模式与环境，与东、西方国家都有自然融洽的联系，在多方问题上，他从大局眼光和异国文化的包容角度开展工作，促进各方顺利沟通。曾在联合国难民署供职的联合国官员称他为"'成熟的政治家'，有智慧的管理者，并且有远见，能够理解多元文化，是'带有理想主义的人'"。[1]

古特雷斯的工作经验告诉我们，全局思维不是忽视局部问题，而是在局部问题的相互联系、相互作用中，洞察、把握全局的总体特征、总体趋势，使局部之间形成良性的互动，发挥相辅相成的作用，共同服务于全局目标的实现。提升领导力，在空间上，需要培养"观大势、谋大事"的全局思维，做到"因势而谋、应势而动、顺势而为"，要"胸怀大局、把握大势、着眼大事"。要处理好全局和局部的关系，树立自觉维护全局的大局意识。

党的十八大以来，"全面深化改革"成为关键词，全国瞩目。但其实，过去三十多年以来，改革从未停止，困难却不曾减少。习近平主席常常谈到，"改革遇到的困难就像一筐螃蟹，抓起一个又牵起另一个，必须全面启动"，"改革涉及的利益关系错综复杂、环环相扣，需要顶层设计"……新一轮改革大潮已经起势，什么样的思维方式、什么样的领导力才能驾驭全局，适应"改革创新"的要求？当前，国企改革、京津冀协同发展、"一带一路""互联网+""中国制造2025"稳步推进，无一不是统筹全局谋一域之举。

---

[1] 《古特雷斯新年履新，联合国迎来"新掌门人"》，中国网，（http://opinion.china.com.cn/opinion_34_155534.html）。

简言之，潜在领导型人才要努力增强总揽全局的能力，放眼全局谋一域，把握形势谋大事，以"登东山而小鲁""登泰山而小天下"的气度和胸襟，始终把全局作为观察和处理问题的出发点和落脚点，以全局利益为最高价值追求。有时候，当眼界放宽广一些，反而不会被局部的困难所困，找到统筹突破发展的路径。

把眼光放长远

"对万科来讲，高于25%的利润不做！"1992年，随着经济发展，房地产市场开始升温，一度出现房价虚高的泡沫。此时，国内的地产商都陶醉于眼前的"大好时光"，不断圈地圈钱，将业内"低于40%的利润不做"的说法奉为圭臬。此时万科的掌门人王石却没有沉迷于当下的泡沫，破天荒地提出，坚决不做"高于25%的利润"。舆论一片哗然。他却坚持自己的观点，"万科不是不想赚钱，而是从长远来看，市场必然向平均利润率回归"。

事实证明，王石的选择是正确的，虽然利润率不及同行公司，万科却在大家圈地来增长利润的时候，坚持快速开发，这也让万科躲过了危机，以至于在之后一路稳健，挺过了金融整顿之后房地产市场的大起大落。

从车库开始，乔布斯逐步把苹果公司建造成地球上最成功的公司之一，把技术推向大众，使电脑个人化，使互联网可以被放入人们的口袋。这位富有远见的领导者，不仅是在领导一家企业，更是在领导世界。"他所做的一切改变了我们的生活，重新定义了整个科技产业，并取得了历史上罕有的成就。他改变了我们每个人看世界的方式。"

发展领导力，在时间维度上要培养"人无远虑，必有近忧"的长远眼光，不求近功，不安小就，不贪图一时利益，不短线操作、急功近利、鼠目寸光。要处理好长远和当前的关系，能够一切放眼于长远的高瞻远瞩，把视野放到更长的时间维度里去，不仅关注当前，更要面向未来。长远眼光，是一种预测性思维，要从现实情况出发，根据事物发展规律，对未来的变化趋势做出科学预测。

马云在 2015 年世界互联网大会上表示"生意越来越难做，关键是你的眼光。你的眼光看的是全中国，就是做全中国的生意；你的眼光看到的是全世界，就是做全世界的生意。要有眼光，眼光多远，多大，决定未来"。

长远眼光强调求实效、谋长远，求的不仅是一时之效，更有意义的是求得长远之效。当前有成效、长远可持续的事要放胆去做，当前不见效、长远打基础的事也要努力去做。在国家战略合作、市场合作上要具备长远眼光，在企业运营上也要看得够远。

修炼魄力与决断力

柳传志在收购 IBM 的文件上签字时，会不会忐忑不已？面对 12.5 亿美元的收购标的，常识却告诉他跨国公司并购案的成功率不超过 1/4？

任正非风格强硬，拿到思科知识产权的诉讼书时会不会忐忑不安？如果官司失败，华为的合法地位和公众形象势必将被颠覆……

管子曰："动静者比于死，动作者比于丑，动信者比于距，动诎者比于避。夫静与作，时以为主人，时以为客，贵得度。知静之修，居而自利；知作之从，每动有功。"究竟在什么时间做什么样的决策，要具体问题具体分析。在选择恐惧症盛行的今天，做不出判断、给不出决策的现象很普遍，但作为领导力的第一要素，决断力却是每个人生活、工作之必需。

曾任百度副总裁的朱洪波评价李彦宏说："管理者的决策是这样形成的：听大数人的意见，和少数人商量，自己做决定，李彦宏就做到了。"

李彦宏的决策肯定不是拍脑袋想出来的，而是思虑再三后的抉择。一百个行动也无法弥补一个错误的决策，做决策要把握时机，善于决断、做好决断，避免错误的决策和思路。百度是全球瞩目的 BAT 三巨头之一，其发展与其掌舵人李彦宏的决策是分不开的。

为了做出正确的决策，在一定的资源条件下，领导者要善于综合权衡决策风险、决策收益和决策时机，利用合理的方法和手段，在若干个可能的备选解决方案中分析、判断、选择出最优方案。如要果断地做出判断和决策，

这首先要求人有担当精神，敢于做决策。

做前行的"灯塔"

2015年，王伯庆亲手缔造出的麦可思公司上市了。"麦可思"是"MyCOS"的音译，是"My China Occupational Skills"（我的中国职业能力）缩写。2006年，他决定开办这样一家公司，究竟是要做什么呢？

他要做"高校管理咨询"，以就业调查和数据分析来做大学生就业的实证研究，促进高校完善教学和培养模式。头三年，麦可思没有收入，发展得很艰难，王伯庆却始终保持乐观。2009年，受国际金融危机影响，国家重视起大学生的就业问题，高校开始付费请麦可思来做数据分析，公司有了进账，坚持获得了回报。

笔者跟王伯庆先生交流时，他谈到当初选择这个创业方向的缘由——"创业更多的是从某一个方面改变了国家的某一项服务方式，例如百度引进了搜索引擎，我们引入了高校咨询管理"；他在创业前就对自己将要进入的产业、行业有前瞻性的认识，并清楚如何让自己被市场所认识，以及如何向市场销售自己的产品。有这样清晰的思路作引领，起步阶段的艰难跋涉仅是必经的阶段而已，不论身处期间多么困难，总能看到前方希望的招引。

领导（Lead），单从字面看，就有"引领、指引"之意，像是黑暗中的一盏指路明灯，带领成员走向未来。美国前国务卿基辛格（Henry Kissenger）博士说："领导者就是要让他的人们，从他们现在的地方，带领他们去还没有去过的地方。"作为指引未来的明灯，引领道路的方向尤为重要，只有方向正确了，这座"灯塔"才可以带领人们走向光明的未来，避免南辕北辙、事半功倍。

角色转变：从"跟跑者"变成"领跑者"

领导者是一个团队的灵魂，直接决定着一个团队能够达到的事业高度。笔者在前面谈过，领导者应该培养、发展自己的领导力，训练全局思维，拿出长远眼光和决断力，并把握团队发展的正确方向；同时，领导者还应该培养自身的感召力，去向成员描绘共同的愿景，去激励成员并肩作战。

从甘地（Mahatma Gandhi）到丘吉尔（Winston Churchill），从马丁·路德·金（Martin Luther King, Jr.）到乔布斯（Steve Jobs），每个举世闻名的领导者都有着他自己的方法去领导人们。每个人都是独一无二的，却不是每个人都了解自己，不是每个人都明确自己的领导力风格。那么什么才是自己的领导力风格，如何明确自己的领导力风格呢？

做个"造梦师"

"把欢乐带给世界"，是迪士尼刚建立时的目标；

"让每个人都拥有一辆汽车"，是汽车大王亨利·福特在一百多年前为福特汽车提出的设想；

"透过林、浆、纸一体化，建设成为世界最大、最强的绿色循环产业"是世界纸业十强之一金光纸业的愿景；

……

马克思曾说，"人比蜜蜂不同的地方，就是人在建筑房屋之前早在思想中有了房屋的图样"。每一个领导者的脑海里，几乎都装着团队未来的壮丽景象。愿景，即是牵引领导者前进的动力，又成为他们领导团队迈向目标的武器。

但是愿景只停留在领导者心中是不够的，如何让领导者心中的图腾升级为组织中每个人的共同愿景呢？什么样的愿景更能引起团队成员的共鸣，激发向心力呢？

每次雾霾来袭，大街小巷中人们配戴的防霾口罩上许多都有"3M"的标识。

但不知道有没有人思索过：这种口罩并非高尖端产品，为什么3M率先创新并注册专利呢？

这背后，是3M那孕育发明的土壤，它鼓励员工愿景与公司愿景的结合，诞生出大量发明创造并不足为奇。在3M公司，如果你想搞发明，要做自己的产品，只要控制研发时间不超过工作时间的15%，便可以向公司申请个人项目资金。3M正是通过将企业愿景与个人愿景相结合，创造了开发6万多种高品质产品的历史，且总能令人耳目一新。

加里·胡佛（Gary Hoover）在著作《胡佛眼中的愿景》（*Hoover's Vision*）中将清晰视为达成企业愿景的两大重要条件之一：一方面，愿景的目标宏大，需要长期坚持奋进；另一方面，愿景一旦设定规划不好，往往就会变得好高骛远，与空喊口号无二。

因此，实现组织愿景是一场不折不扣的征程，只是分享、描绘愿景还不足以成为一名合格的"造梦师"。领导者做"造梦师"的第一步，就是首先跟下属分享、描绘组织共同的"梦想"。描绘愿景，就是为理想中的未来画出一幅可信且诱人的图景，让下属由心认同，产生携手共创未来的愿望，让人们觉得自己的工作富有意义。

北京王府学校校长王广发先生经常会与员工分享自己的观念、思想，为他们"植入"共同的组织愿景。他说"要想成功就要走我们这样的路，你不能这也不行，那也不行，这也困难，那也困难。这都不是一个好的员工，也不是一个好的领导"。所以，在他领导下的企业，员工流失率非常低，他的理念是"培养式用人"而非"榨取式用人"，有些老员工从创业之初追随他，迄今已二十多年。

领导者要有描绘未来的能力，通过合理的愿景预测，调动团队积极性，激发成员投身团队愿景的热情并付诸行动。对此，任何一个经验丰富的领导者都会说，感召力至关重要。培养感召力，指导成员在共同愿景之下设计个人愿景、实现个人理想，激发成员的归属感和使命感。让组织成员拥有、实现共同愿景是一场持久战，而且是一个持续动态的过程，领导者要做好长久的准备。

毕竟，愿景要得以实现，必须让它牢牢地驻扎在大家的心里。

寻找适合的风格

领导者是一个团队的灵魂，直接决定着一个团队能够达到的事业高度。

在前面谈过，领导者应该培养、发展自己的领导力，训练全局思维，拿出长远眼光和决断力，并把握团队发展的正确方向；同时，领导者还应该培养自身的感召力，去向下属描绘共同的愿景，去激励下属并肩作战。但是不是具备了这几点特质，一个人就拥有了领导力，就是出色的领导者呢？

答案是否定的。从上述不同特质入手发展领导力，是由下而上的发展；同时，单项的领导力特质只是领导者必备的基本元素，只有将自己拥有的领导力特质结合运用，形成独一无二、不可替代的领导力风格，才能由上而下地指导自己和团队的日常实践，将领导力落到实处。只有将由下而上的发展同由上而下的发展有机地结合起来，领导者才有可能从"跟跑者"变成"领跑者"，成为真正意义上的"领导者"。

丹宁尔·戈尔曼（Daniel Goleman）、理查德·博亚兹（Richard Boyatzis）和安妮·麦基（Annie McKee）在著作《最初的领导力》（*Primal Leadership*）中指出了六种领导力风格，分别是远见型、教练型、亲和型、民主型、领头型、命令型[1]，见表12-1。

---

[1] Daniel Goleman, Richard Boyatzis and Annie Mckee, *Primal Leadership*, Harvard Business School Press，2002.

表 12-1 六种领导力风格

领导风格	描述
远见型领导力	懂得启发、激励，并且通过一个共同目标凝聚成员。他们会告诉团队前进的方向，却不会告诉团队怎样实现共同目标，而是让团队成员自己去寻找实现目标的方法和策略。远见型领导力在组织需要新的愿景或者新的方向时最适用，比如企业转型期，但不适用于团队成员比领导者经验丰富的情况，彼时民主型领导力最为适用；此外，在运用远见型领导力时，也要注意频率，太频繁地运用往往会超负荷，产生适得其反的效果
教练型领导力	教练型领导力也要善于聆听、移情和激励，专注于帮助成员取得未来的成功；需要和成员开展深入对话，帮助明确其人生目标和组织目标之间的联系，起到顾问作用。在那些易受激励的团队成员需要通过帮助建立一种持久的能力从而可以不断提高工作能力时，教练型领导力最为适用，但对于那些不易被激励或者需要大量的反馈和方向指引的成员，教练型领导力并不适用，彼时，领头型或者命令型领导力最为适用
亲和型领导力	能在组织中营造和谐、友好的氛围，将团队成员紧密相连，鼓励包容、解决冲突。运用亲和型领导力，需要重视成员的感受和情感需要。当团队有裂痕或者有冲突、信任被挑战的时候，以及团队正在经历紧张期、需要激励的时候，亲和型领导力最为适用。发展亲和型领导力，应该专注于情感和感受，学着去解决冲突、保持乐观
民主型领导力	专注于协调与合作，积极地在团队中寻求意见，相比于指挥成员行动，更倾向于倾听。当团队需要构建共识或寻求意见时，民主型领导力最为适用；但是，民主型领导力不应该对经验不足、竞争力不够、对情况了解不深的成员应用，最好是向有积极性的、博学的、有能力的成员寻求意见。发展民主型领导力，将团队引入问题解决和做决策的过程中，并且教授团队成员相关技能，领导者需要学习积极的倾听和引导能力
领头型领导力	专注于团队绩效和目标，期待团队的卓越表现，会经常亲自上阵，带领团队达到目标。领头型领导力往往不会滋养低绩效的团队成员，团队中的每一个人都被寄予很高的标准。这种领导力风格可能是一种成功的风格，也有可能产生负面影响，导致团队情绪大爆发、团队成员疲惫甚至跳槽、离职。在需要快速地在一个有积极性的团队中得到高质量的结果的时候，可以考虑运用领头型领导力
命令型领导力	以专制、独裁的方式去领导团队，通常依靠发号施令、惩罚的威胁和严格控制。当组织遭遇危机或者遇到制造麻烦的员工的时候，命令型领导力最为适用。但是，命令型领导力一旦误用或者滥用，往往会产生极其消极的影响，而这种领导力风格又极其容易被误用，因此在运用前一定要三思，只有在必要的时候才加以运用。发展命令型领导力，领导者需要学会危机管理、敏捷果断以及在压力下做出好的决定

在实践中，人才可以在上述几种领导力风格中找到最符合自己的一种或者几种进行应用，也可以按照自己的喜好和倾向发展某一种或某几种领导力风格。一个人的领导力风格是复杂的，可能是上述几种风格的叠加，也有可能超越上述几种风格，没有定式，而且表现出来的领导力风格往往取决于特定的团队需求、背景和环境，要具体分析，明确、发展自己的领导力风格也是一个动态的过程。

当然，正所谓"不受虚言，不听浮术，不采华名，不兴伪事"，只有当领导力真正落到实处，成为落实力，领导力才能发挥实际作用，得到实践的检验。

成就定义：你培养了多少人才

自己成为人才还不够。领导者不仅要发展自己，还要培养人才。须知国以才兴，业以才旺，从国家、社会、组织的可持续发展角度看，人才是根本，只有培养出足够多、足够优秀的人才，才可以为国家、社会、组织的长远发展提供肥沃的土壤，培养人才是行未来之事，功在千秋、利在万代。

通用电气原首席执行官杰克·韦尔奇说，"我们是人才工厂！之所以能够在全球的很多市场获得成功，我们真正的核心竞争力，并不是在制造业或者服务业，而是制造人才的能力"。

松下电器创始人松下幸之助说，"出产品之前先出人才。一个优秀的管理者总是不失时机地把对人才的培养和训练摆上重要的议事日程。培育人才是现代社会背景下的'杀手锏'，谁拥有了它，谁就预示着成功。只有傻瓜或自愿把自己的企业推向悬崖的人，才会对培育人才置若罔闻"。

育人是用人的基础，人才不会自然而然产生，而是需要"制造"的。换句话说，人才的成长要"两条腿走路"。人才成长一靠自身努力，发挥自己的主观能动性，发展自己的领导力、提升自己的专业能力、培养自己的创新能力、开阔自己的国际视野等等；二靠组织培养，这就要求组织花时间、花

精力培养员工，为员工锻炼成长搭建平台。

那么，作为组织、企业员工的领导者，要如何培养人才呢？

慧眼识珠，发掘未来"创始人"

"拥有创始人思维的人会推动改变、激励人心、出色地完成任务。"eBay首席执行官约翰·多纳霍（John Donahoe）曾说。①

早在用笔纸成画，再做成胶片的年代，迪士尼公司有一个年轻的动画设计师，一天，受到一段视频中的电脑动画技术启发，他找到经理提出一个大胆的想法——迪士尼动画应该向电脑动画技术制作发展。经理听他认真说完，就叫他回到自己的办公桌前，几分钟后，他收到了动画部总监的一通解雇电话。解雇的理由是：疯狂的想法使得他无法在迪士尼安心工作。

后来这个职员加入了卢卡斯影业，在乔治·卢卡斯（George Lucas）麾下的电脑部制作动画。几年后，这个在当时看上去没有"钱"景的部门转卖给了史蒂夫·乔布斯（Steve Jobs），这个公司后来被更名为皮克斯——1995年，该公司与迪士尼合作，诞生了世界上首部电脑动画电影《玩具总动员》。

这个职员就是约翰·拉塞特（John Lasseter），后来他的作品还包括《海底总动员》《怪兽电力公司》等电影，在美总票房已经超过35亿美元……更有意思的是，在《玩具总动员》上映的第11个年头，也就是约翰·拉塞特被解雇的第23年，他的老东家迪士尼公司才意识到自己当初拒绝电脑动画是个错误，最终以70多亿美元的价钱购买了皮克斯公司，把他请了回来，成为迪士尼动画工作室的首席创意执行官。

培养人才梯队，是保证产业的前瞻思维持续长久发展的根本。

成功的团队和组织尤其会花大把的时间去发现和培养具有行业前瞻思维的人。领导者需要具备识别并学会培养这样的人才，及时占领产业的顶端，

---

① [美]里德·霍夫曼、[美]本·卡斯诺查、[美]克里斯·叶：《联盟：互联网时代的人才变革》，路蒙佳译，中信出版社2015年版，第17页。

而不是像迪士尼公司一样，时隔23年后，花了70多亿美元为自己的失误买单。

那么，谁有潜力成为未来"创始人"呢？

其实，具备"创始人"思维的人才并不意味着他要开公司，他们看中的是自己所在的公司是否鼓励开创性行为的雇佣联盟模式。当员工感觉到积极投入自身事业的激情和需要时，才可以帮助公司发展做出调整和成长所需的迅速决断。

2003年，亚马逊公司的一名网站工程员工本杰明·布莱克（Benjamin Black）写了一篇文章，建议卖掉虚拟服务器，让亚马逊成为高效零售上的业务专长可以转而服务于电脑运算能力的一般市场。亚马逊CEO杰夫·贝佐斯（Jeff Bezos）敏锐地捕捉到了这个建议的前瞻性信息，立刻开发了AWS项目，后来这个项目为亚马逊贡献了近38亿美元收入。[1]

与迪士尼不同，亚马逊对于员工的开创性贡献持支持和欢迎态度，懂得发现"创始人"员工的创造性价值，将其创新性冲动和公司的发展需求结合起来。识别"创始人"类型的人才是一个长期的过程，因此，要持续不断地识别、发展人才，就要给有潜力的人才机会去展示自己的才能和潜能。

正如财捷集团（Intuit）的首席执行官布拉德·史密斯（Brad Smith）所言，"领导者的任务不是培养能人，而是认识到人们已有的才华，并创造出让其产生和成长的环境"。

目标协调，协调公司与员工的价值观

领英的首席执行官杰夫·韦纳（Jeff Weiner）热心于美国的教育政策，并担任Donors Choose的董事，这与领英的业务没有太多关系；

很多硅谷的员工都希望有一天进行创业，这意味着他们有一天要离开公司……

---

[1] Larry Dignan, "Amazon finds its profit horse in AWS: Why it's so disruptive to IT's old guard ". http://www.zdnet.com/article/amazons-finds-its-profit-horse-in-aws-why-its-so-disruptive-to-its-old-guard/ .

其实，每个人都有自己的动机和需求，即成就需要、权力需要、亲和需要。这些动机影响了人们去判断什么样的目标能够激励自己，自己想要哪种类型的发展、奖励等等。因此，领导者应该懂得这些动机并利用这些动机，从员工的角度去明确、判断他们的发展需求。

目标协调既是一门艺术，又是一门科学。

Career Engagement Group 的安妮·富尔顿（Anne Fulton）曾提出一套考量新入职员工价值观的方法：给他一张纸，让他写出 3 个敬佩人的名字以及所敬佩的人的 3 种品质，之后再让其对这些品质进行排序，即为这个入职员工的粗略价值观列表。用这份价值观列表与公司的价值观进行比较，新晋员工与公司价值观和目标是否匹配，也就可以一目了然。①

在培养员工和团队之前，一定要明确什么是对员工、组织而言最好的发展机会。不能别人想要苹果，你却非要给梨子，那只能是适得其反。领导者应该定期和员工举行一对一的谈话、沟通，明确其发展需求，确定其可以提升的领域，进而评估员工的培训需求，为他建立个人发展计划去弥补现有的不足、消除差距，提升才能更好地面对未知的挑战。如此，每个员工都能得到量身定做的发展计划和培训机会，既满足了员工的需求，又避免了资源、时间、人力、物力的浪费。

信息狩猎，帮员工培养人脉

在 PayPal 成立初期，eBay 为 PayPal 的绝大部分业务处理拍卖付款，然而 eBay 本身就有一家与之竞争的企业——Billpoint。因此可想而知，PayPal 当时面临的市场争夺局势十分严峻，Billpoint 也成为了 PayPal 成立初期最重要的竞争对手。

面对严峻的市场内部竞争，PayPal 当时的执行副总裁里德·霍夫曼向高

---

① ［美］里德·霍夫曼、［美］本·卡斯诺查、［美］克里斯·叶：《联盟：互联网时代的人才变革》，路蒙佳译，中信出版社 2015 年版，第 79 页。

管到工程师的所有团队下达了"人脉情报战"的指令：与 Billpoint 的管理者和员工交谈时，明确他们对市场现状的看法，以及今后的预期。① 然而相反 Billpoint 的员工对此丝毫没有察觉。

随着 PayPal 的"人脉情报战"的愈演愈烈，人脉情报战争的规模也不仅限于 Billpoint 的员工。PayPal 通过人脉资源从 Honesty.com 获得了实现快速增长的方式。Honesty 的一个员工发现了利用 eBay 的活跃买家实现成长的方法——当卖方与 Honesty.com 共享 eBay 证书，Honesty 就会将它的计数器加入卖家的每一个拍卖页面。这个系统的数据是对外开放的，由此所有出价人开始注册这种计数器并由此推广 Honesty。借鉴 Honesty 的经验，PayPal 推出了"PayPal 支付"的特色服务，实际上就是一种计数器加入所有的拍卖页面，由此实现魔鬼式增长。

最终 PayPal 战胜了 Billpoint，此外，eBay 还以 15 亿美元的重金买下了 PayPal……

因此，领导者要学会进行信息狩猎。仅仅发掘、利用员工还不够，还要学会如何让员工把人脉情报带回公司。特别是在选人招聘时必须学会如何系统地衡量人脉实力，然后雇佣那些人脉资源厚实的应聘者。

此外，员工的人脉资源还需要领导者的"精心"培养。

HubSpot 的学习餐（Learning Meals）给予所有员工出去请别人吃饭的机会，就餐人数限制在 6—8 人，是通过圆桌就餐的方式，以确保每个人都能看到其他人。目的是为了让员工有所收获，其中人脉资源就是很重要的一个方面。

美国西雅图的市场营销软件企业 Moz 规定，如果员工在某次活动中获得发言机会或在社交中发挥主导作用，公司将报销差旅费和伙食费。

在领英，任何员工都可以使用公司的设施、空间接待任何外部团体，从同性恋、双性恋甚至是变性者，到当地的演讲俱乐部都曾经使用过领英的设施举办过会议。

---

① ［美］里德·霍夫曼、［美］本·卡斯诺查、［美］克里斯·叶：《联盟：互联网时代的人才变革》，路蒙佳译，中信出版社 2015 年版，第 121—126 页。

英国奢侈品公司Linley的前首席执行官奥利弗·卡登（Oliver Cardon）规定公司每位设计师都有半天的时间开发他们的新奇创意，不设限，只要与公司业务稍有联系，甚至可以和公司之外的人进行合作。

……

当你成长为一名领导者，就应该明白，培养人才不只是人力资源部门的事，不仅仅是协调、调整各种人力资源体系和系统的问题，本质上是组织文化问题。虽然人力资源部门可以打造一个人才管理体系，但想要让这个体系高效运转，就必须得到组织各部门领导者和管理者的支持。

有时与向外寻觅人才相比，能够做到向内培养并留住高质量的员工显得格外重要，也更为有效。毕竟伴随着组织成长起来的内部员工更为了解组织的历史和现状，对组织的未来走向会有更清晰的把握。

参 考 文 献

蔡昉：《从人口红利到改革红利》，社会科学文献出版社 2014 年版。
蔡昉：《人口红利拐点已现》，《红旗文稿》2013 年第 4 期。
冯凌：《印度的海外人才引进制度初探》选自《中国人才发展报告》，社科文献出版社2014年。
李威：《以色列科技创新的成功经验与启示》，《决策咨询》2012 年第 5 期。
林崇德、杨治良等：《心理学大辞典》，上海教育出版社 2003 年版。
［美］本·霍洛维茨：《创业维艰》，中信出版社 2015 年版。
［美］道格拉斯·麦格雷戈：《企业的人性面》，中国人民大学出版社 2008 年版。
［美］德鲁克：《卓有成效的管理者》，许是祥译，机械工业出版社 2009 年版。
［美］加里·胡佛：《胡佛眼中的愿景》，中信出版社 2008 年版。
［美］里德·霍夫曼、［美］本·卡斯诺查、［美］克里斯·叶：《联盟：互联网时代的人才变革》，路蒙佳译，中信出版社 2015 年版。
麦可思研究院：《就业蓝皮书：中国本科生就业报告 2016》，社会科学文献出版社 2016 年版。
［日］大前研一：《思考的技术》，刘锦绣、谢育容译，中信出版社 2008 年版。
［日］大前研一：《专业主义》，裴立杰译，中信出版社 2010 年版。
［以］顾克文、丹尼尔·罗雅区、王辉耀：《以色列谷》，机械工业出版社 2015 年版年版。
［瑞典］詹·卡尔森：《关键时刻 MOT》，中国人民大学出版社 2013 年版。
王充：《论衡·累害》，陈蒲清校，岳麓书社 2006 年版。
王辉耀：《人才战争》，中信出版社 2015 年版。
王辉耀：《在不如意的人生里奋起直追》，江苏文艺出版社 2014 年版。
王辉耀、刘国福、苗绿主编：《中国国际移民报告（2015）》，社会科学文献出版社 2015 年版。
王辉耀、刘国福、苗绿主编：《中国国际移民报告（2013）》，社会科学文献出版社 2013 年版。
王辉耀、苗绿：《大国智库》，人民出版社 2014 年版。
王辉耀、苗绿：《国际猎头公司与人才战争》，机械工业出版社 2015 年版。
王辉耀、苗绿：《那三届：77、78、79 级，改革开放的一代人》，中国对外翻译出版社 2017 年版。
王辉耀、苗绿：《那些年，我们怎样创业》，中央编译出版社 2016 年版。
王辉耀、苗绿：《世界这么大，我们创业吧》，中央编译出版社 2016 年版。
王辉耀、苗绿：《中国留学发展报告（2016）》，社会科学文献出版社 2016 年版。
王辉耀、苗绿：《中国企业全球化报告》，社会科学文献出版社 2016 年版。
王辉耀，苗绿：《全球化 VS 逆全球化》，东方出版社 2017 年版。
王辉耀，苗绿：《大转向：谁将推动新一波全球化？》，东方出版社 2017 年版。
王辉耀、杨河清：《中外国家人才发展战略》，2015 年。
习近平：《摆脱贫困》，福建人民出版社 1992 年版。
习近平：《之江新语》，浙江人民出版社 2007 年版。
徐兴安、陈力：《中国人力资源发展报告 2015》，社会科学文献出版社 2015 年版。
张德：《人力资源开发与管理》，清华大学出版社 2007 年版。
章晟曼：《先站住，再站高》，文汇出版社 2006 年版。
张奭、栾跃、李雨航、王志峰等著：《微软 360 度，企业和文化》，电子工业出版社 2008 年版。
郑其绪（主编）、马抗美、罗洪铁（副主编）：《微观人才学概论》，党建读物出版社 2013 年版。

AnnaleeSaxenian. The new Argonauts, regional advantage in a global economy, Harvard University Press, 2006.

Daniel Goleman, Richard Boyatzis and Annie Mckee, Primal Leadership, Harvard Business School Press (2002).

International Organization for Migration (IOM):《世界移民报告2015》，全球化智库（CCG）译

Joseph E. Stiglitz& Bruce C. Greenwald, Creating a Learning Society: A New Approach to Growth, Development, and Social Progress. Columbia University Press,2014.

Wang Huiyao: China's National Talent Development Plan, Objectives and Key Measures, Ssrn Electronic Journal , 2011.

Wang Huiyao, China's New Talent Strategy: Impact on China's Development and its Global Exchanges, The SAIS Review of International Affairs, Volume 31, pp. 49-64,2011.

Wang Huiyao, Globalizing China: The Influence, Strategies and Successes of Chinese Returnees, Emerald Publishing,United Kingdom.,2012.

Wang Huiyao, BaoYue:Reverse Migration in Contemporary China,Palgrave Macmillan, United Kingdom,2015.

Wang Huiyao, David Zweig: Can China Bring Back the Best? The Communist Party Organizes China's Search for Talent,The China Quarterly, Vol. 215, pp.590-615,2013.

Wang Huiyao, David Zweig:China's Diaspora and Returnees, The Influence on China's Globalization Process, Sustainable Reform and Development in Post-Olympic China, pp. 124-144, 2010, Published by Routledge Taylor & Francis Group.

Wang, Huiyao, David Zweig, Lin, Xiaohua: Returnee Entrepreneurs: Impact on China's Globalization Process, Journal for Contemporary China, Vol. 20, No. 70, pp. 413-431, 2011.

Wang Huiyao, Liu Yipeng:Entrepreneurship and Talent Management from a Global Perspective: Global Returnees,Edward Elgar Publishing Ltd., United Kingdom, 2015.

Wang Huiyao,MiaoLv:International Migration of China: Status, Policy and Social Responses to the Globalization of Migration,Springer Group,2017.

后　记

　　人才的成长进阶之路复杂且多变，个人、平台、时代都在其中扮演着重要的角色。如今，创新创业正当时，人才成长的路径也必然要顺着时代趋势，奔着创新创业去。成长的路径很长，每一个小的岔路口的选择，走向的平台的高低，接触到的人的层次，又会加速或是减缓人才在成才路径上的成长速度。时代与平台是人才共享的资源，想要更近距离的贴近时代，跃上更高的平台，自身素质自然要过硬才行。

　　近年来，随着我国经济发展，国力逐步增强，越来越多的外籍人才来华发展，我国成为国际人才的向往之地。在经济全球化的今天，人才早已挣脱了地域的限制，中国从过去13亿人中选才转向今天从全球70亿人中选才。

　　随着中国企业"走出去"的步伐渐渐加快，中国企业的身影开始争相出现在世界舞台上。然而面对残酷的全球商业竞争，中国企业的短板就是缺乏跨文化、跨专业的国际人才。由此，中国要进一步向全世界释放积极选才的信号——在鼓励中国人才积极踏出国门的同时，还要积极吸纳来华留学生和海外高校毕业生在华就业、创业，从而储备和培养更多国际人才，促进全球人才环流，共同实现中国梦，为全球人才描绘清晰的中国梦蓝图，为我国创新驱动发展注入新的动能。

　　成功的人都是殊途同归，失败的人可能败在不同的点上。笔者沉身人才研究领域多年，接触过众多成功者的案例，仔细分析他们的成功之道，虽千差万别，却又有一些共性的东西在。笔者将眼之所见，心之所感、所思的感性认知，梳理总结成一些共性的规律，佐之以生动的案例，避免本书流于纯理论探讨的抽象、空洞与枯燥，以飨读者，特别是希望对初生牛犊不怕虎的青年人褪去身上的"青涩"外衣走上成才之路能有所助益。

该项图书研究得到了北京东宇全球化人才发展基金会的支持。

本书得以出版，还要感谢社会各界的支持。感谢中国社会科学出版社对本书的重视与推动；感谢全球化智库（CCG）的任月园、赵婧如、李苗苗、薛陆萌、王梓村、姚鹏诸位在本书的编写过程中付出的努力。此外本书还参考借鉴了一些相关资料，在此一并表示感谢。

由于时间有限，书中如有不妥或疏漏之处，恳请广大读者批评指正。

王辉耀、苗绿
2017年4月